ONGEVALLEN OP NEDERLANDS SPOOR

UITGEVERIJ DE ALK B.V.

Foto's omslag voorzijde
Boven: Op kerstavond 1993 kwam op een overweg in Zaandam een personenauto in botsing met een dubbeldekstrein die daardoor ontspoorde. Het stuurstandrijtuig van de trein raakte zwaar beschadigd na een botsing met een pijler van het spoorviaduct. (foto Marcel van Ee)

Onder: Ter hoogte van het Brabantse Heeze ontspoorde op 8 oktober 1986 een lege kalktrein op een overloopwissel, waarbij de locomotieven geheel naast het spoor kwamen te staan. (foto Rob van Ee)

Foto's omslag achterzijde
Boven: In de nacht van 15 op 16 september 1994 ontspoorde nabij Leeuwarden-Camminghaburen een lege trein nadat deze op een kudde loslopende koeien was gereden. (foto Rob van Ee)

Midden: Op een met knipperlichten beveiligde overweg bij Dordrecht-Zuid botste op 24 juli 1993 treinstel ELD4 503 op een graandorsmachine waarbij het Bk2-rijtuig ontspoorde en zwaar beschadigd raakte. (foto Rob van Ee)

Onder: In de vroege ochtend van 30 november 1992 raakte de intercity Amsterdam-Vlissingen ter hoogte van Hoofddorp het spoor bijster, ontspoorde volledig waarbij het sBFk-rijtuig 4224 kantelde en totaal werd vernield. (foto Rob van Ee)

Foto pagina 1
Als gevolg van een botsing met DEloc 2902 werd op het rangeeremplacement van de Wpl Zwolle treinstel ELD4 643 op 29 oktober 1974 ernstig beschadigd. Met een geknikt BDk-rijtuig staat het treinstel op 16 maart 1975 voor sloop terzijde op het emplacement de Rietlanden in Amsterdam. (foto Rob van Ee)

De Alk bv, Alkmaar, Holland

ISBN 90 6013 067 7

INHOUD

Een overzicht van de ravage na de frontale botsing bij Winsum op 25 juli 1980 tussen de dieseltreinen DE2 84 en 87 (rechts). (foto Paul Loman)

ONGEVALLEN OP NEDERLANDS SPOOR

ROB & MARCEL VAN EE

VOORWOORD

Op 3 november 1983 zijn zeven medewerkers van de NS-hersporingsploeg Eindhoven in aktie tijdens het wisselen van draaistellen voor de gehavende Eloc 1634 bij de losweg van het voormalig station Oud-Heeze. (foto Rob van Ee)

De vele vervoersvormen zoals luchtvaart, zeevaart, spoorwegen en wegvervoer zijn de normaalste zaak van alle dag. Dat het binnen deze vervoersvormen weleens tot ongevallen komt is een feit. Meer dan eens verschijnt er een berichtje in de krant of komt het in de TV-journaals. In dit boek belichten wij een groot deel van de ongevallen die sinds 1970 op het Nederlands spoor hebben plaatsgevonden. Wellicht zult u zich afvragen waarom een fotoboek over dit onderwerp? Het antwoord hierop is heel eenvoudig, zo'n fotoboek over de spoorwegen in Nederland bestond nog niet. Met een groot eigen foto-archief en de bereidwillige medewerking van enkele andere fotografen kon op de vraag van de uitgever "willen jullie een fotoboek maken over ongevallen op Nederlands spoor" een positief antwoord worden gegeven. Bij het samenstellen en sorteren van de foto's blijkt dat er in de loop der jaren vele calamiteiten hebben plaatsgevonden, waarbij het merendeel te wijten is aan de onvoorzichtigheid van weggebruikers. De laatste jaren bleef het aantal overwegbotsingen een stijgende lijn vertonen. In 1996 is het aantal botsingen echter sterk teruggelopen, van 101 in 1995 naar 70 in 1996. Dat aantal is de laatste 30 jaar niet zo laag geweest.

Kennelijk beginnen het opheffen van diverse onbewaakte overwegen en het vervangen van overwegen door tunnels onder het spoor zijn vruchten af te werpen. Het aantal overwegen verminderde in 1996 van 3085 naar 2983. Ongevallen en ontsporingen die plaatsvinden als gevolg van foutieve handelingen binnen het spoorbedrijf worden steeds meer terug gedrongen met behulp van de nieuwste technische ontwikkelingen o.a. op het gebied van computergestuurde sein- en wisselbediening. Ook de automatische treinbeïnvloeding (ATB) wordt steeds meer geperfectioneerd hetgeen heeft geleid tot een daling van onderlinge treinbotsingen en ontsporingen.

DE CALAMITEITENORGANISATIE BIJ DE NEDERLANDSE SPOORWEGEN

De verzelfstandiging van de Nederlandse Spoorwegen in 1994 en het als gevolg daarvan opsplitsen van het bedrijf in een aantal aparte BV's en NV's maakte het noodzakelijk om de calamiteitenorganisatie op een nieuwe, moderne leest te schoeien. Deze nieuwe organisatie is ondergebracht bij NS Verkeersleiding. Onder leiding van een projectleider heeft een werkgroep zich geruime tijd beziggehouden met de (her)inrichting van deze calamiteitenorganisatie. Men is daarbij uitgegaan van de opdeling in een tiental aspecten die herkenbaar zijn bij een grotere of kleinere calamiteit ofwel onregelmatigheid.

Deze aspecten zijn achtereenvolgens:

* alarmering
* algemene leiding
* redding en bestrijding
* opvang reizigers en personeel
* alternatief vervoer
* baanvak vrijmaken, hersporen
* herstel infra
* herstel verkeersfunctie
* externe communicatie
* (voor)onderzoek

In nauwe samenwerking met o.a. de (regionale) hulpverleningsorganisaties als brandweer en politie en met alle betrokken NS bedrijfsonderdelen wordt regelmatig geoefend en geëvalueerd om deze organisatie soepel te laten verlopen en steeds verder te vervolmaken.

Wat betekent dit alles nu in de praktijk?

Alarmering

Indien zich ergens een onregelmatigheid, bijvoorbeeld een botsing of ontsporing, voordoet komt de eerste melding daarvan meestal binnen bij de verkeersleider van het betreffende gebied. Afhankelijk van de aard en ernst van de gebeurtenis stelt deze de alarmprocedure in werking. Als eerste wordt de wachtdienst categorie A van NS Verkeersleiding geïnformeerd. In de meeste VL-regio's is deze eerste uitruk bij eenvoudige gevallen uitbesteed aan NS Railinfra Services of NS Beveiliging Services. Deze wachtdienst neemt, in afwachting van de wachtdienst categorie B, voorlopig de algemene leiding op zich. Bij wat grotere onregelmatigheden gaat ook deze tweede categorie ter plaatse en neemt de algehele leiding over, waarna de wachtdienst categorie A zich uitsluitend gaat bezighouden met de veiligheid. De wachtdienst categorie B is uitgerust met een wachtdienstauto waarin zich alle attributen bevinden die benodigd zouden kunnen zijn op de plaats des onheils. Denk daarbij bijvoorbeeld aan een kortsluitlans, goede communicatie-apparatuur, zaklantaarns e.d. Ondertussen is de verkeersleider verder gegaan met het alarmeren van andere betrokken bedrijfsonderdelen en/of instanties. Bij reizigerstreinen wordt de wachtdienst van NS Reizigers gewaarschuwd, terwijl bij goederentreinen NS Cargo ter plaatse komt. Bijzondere aandacht heeft hierbij het vervoer van gevaarlijke stoffen, waarvoor een aparte organisatie bestaat. Ook de bedrijven die deze gevaarlijke stoffen per spoor laten vervoeren kunnen worden ingeschakeld, zoals bijvoorbeeld AKZO bij het chloorvervoer. Via het Schakel- en Meld Centrum (SMC) wordt NS Railinfrabeheer geïnformeerd als het vermoeden bestaat dat er schade zal zijn aan spoorbaan, bovenleiding, seinapparatuur e.d.
Ten behoeve van het onderzoek zal ook Railnet Spoorwegveiligheid ingelicht worden door de verkeersleider.

Algemene leiding

Ter plaatse aangekomen zal de Algemeen Leider zich op de hoogte stellen van de situatie. Hij zoekt contact met alle hulpverleners en overige reeds aanwezige gealarmeerde functionarissen. Zijn eerste zorg zal altijd de afvoer van slachtoffers en de opvang van reizigers betreffen. Ook gaat zijn aandacht uit naar omstandigheden die een risico vormen voor verdere onveilige situaties, zoals bijvoorbeeld treinverkeer op het nevenspoor. Als het incident daartoe aanleiding geeft zal hij een eerste briefing beleggen. Met alle betrokken hulpverleners en wachtdienstfunctionarissen wordt dan een "plan van aanpak" afgesproken. Hij stelt zich daarbij voor als algemeen leider en zorgt dat hij herkenbaar is door middel van het dragen van een witte helm met daarop een grote zwarte letter C van commandant of coördinator.

Redding en bestrijding

Bij de reddingswerkzaamheden is de algemeen leider overigens, zoals iedereen, ondergeschikt aan de brandweercommandant die in dat soort situaties altijd het laatste woord heeft. Met de treindienstleider van het betrokken baanvak heeft hij inmiddels de te nemen veiligheidsmaatregelen afgesproken, zoals bijvoorbeeld het plaatsen van een kortsluitlans om overig ongewenst treinverkeer te voorkomen. Deze afspraken worden schriftelijk vastgelegd op een werkcontract (WECO) dat zowel door de treindienstleider als de algemeen leider wordt ingevuld en ondertekend. Ook het stellen van een veiligheidsman die op de uitkijk staat bij situaties waarin nog wel sprake is van overig treinverkeer, alsook het fysiek beveiligen van de plek des onheils middels een afzetlint of iets dergelijks behoort tot zijn verantwoordelijkheden.

Opvang reizigers en personeel
Bij incidenten waarbij reizigerstreinen zijn betrokken wordt de wachtdienst NS Reizigers ingeschakeld. Deze wachtdienst zal zich gaan bezighouden met de opvang van reizigers en personeel. Bij versperringen neemt zij ook de coördinatie van het treinvervangend busvervoer over van de verkeersleider.

Alternatief vervoer
De verkeersleider is degene die onmiddellijk na het bekend worden van de versperring contact opneemt met een busmaatschappij voor de inzet van bussen. De eerste bussen worden naar de plek des onheils gedirigeerd om de gestrande reizigers op te halen. De volgende bussen gaan de verbinding onderhouden tussen de twee aan beide zijde van de versperring gelegen stations. Nadat de eerste inzet heeft plaatsgevonden, neemt NS Reizigers de buscoördinatie van NS Verkeersleiding over en regelt verder de inzet en begeleiding van het busvervoer.

Baan vrijmaken, hersporen
Nadat de fase van redding en bestrijding en opvang van reizigers en personeel is afgerond, kan worden begonnen met de volgende fase: die van baan vrijmaken en eventueel hersporen. Voor deze opruimingswerkzaamheden komt de hersporingsleider met zijn ploeg in aktie. Er wordt een plan opgesteld hoe men te werk zal gaan.
Vaak wordt hierbij gebruik gemaakt van een hersporingswagen, die is uitgerust met zware hef- en hersporingsgereedschappen. Een van de belangrijkste hulpmiddelen bij het hersporen is het Lukas-hersporingsgereedschap. Dit bestaat uit een motorpomp, stuurtafel, slangen, vijzels en diverse hulpstukken. Het pompaggregaat bouwt hydraulisch een druk op van circa 450 bar, waarna via de slangen en stuurtafel deze druk naar de vijzels wordt gebracht. In de wagen is tevens een keukentje met een spoelbak en kookgelegenheid aanwezig waarin koffie en soep uiteraard niet ontbreken. Sedert 1991 heeft NS niet meer de beschikking over eigen ongevallenkranen en wordt er gebruik gemaakt van mobiele kranen en hoogwerkers van gecertificeerde particuliere kraanbedrijven.

Herstel infra
Door NS Railinfrabeheer is inmiddels een opname gemaakt van schade die is ontstaan aan de infra, zoals bovenleidingsportalen, seinen, overweginstallaties, wissels, rails en bovenbouw. Met behulp van inmiddels ingeschakelde aannemers wordt zo snel mogelijk begonnen met de herstelwerkzaamheden. De benodigde materialen worden besteld en aangevoerd, terwijl de materialen voor het seinwezen veelal uit regionale opslagplaatsen komen. Voor bovenbouwmaterialen, zoals dwarsliggers en spoorsecties wordt meestal een beroep gedaan op het logistieke centrum in Crailoo. De herstelwerkzaamheden aan het spoor kunnen vaak pas plaatsvinden als de opruimingsen hersporingswerkzaamheden zijn voltooid. Steeds vaker wordt ook aandacht besteed aan de milieu-aspecten, het weglekken van dieselolie e.d. wordt zoveel mogelijk voorkomen.

Herstel verkeersfunctie
Ondertussen is men op de Verkeersleidingspost koortsachtig bezig om de treindienst zo goed en zo kwaad als mogelijk is aan de gang te houden. Busvervoer is een van de mogelijkheden, maar ook uitdunning van de treindienstregeling wordt veelal toegepast. Zeker in die situatie waarbij sprake is van een beperkte belemmering. In doorgaande verbindingen worden treinen vaak omgeleid. In speciaal daarvoor ontworpen omleidingstabellen zijn alternatieve dienstregelingen opgenomen die worden toegepast bij omleidingen. Een veel voorkomende omleiding is bijvoorbeeld de verbinding Amsterdam-Utrecht die normaal via Abcoude en Breukelen wordt gereden, maar in geval van versperring over Hilversum wordt omgeleid.

Externe communicatie
Bij grotere calamiteiten zal de wachtdienst NS Verkeersleiding categorie C of D zich veelal belasten met het te woord staan van de pers en overige media. Het is daarbij belangrijk een zo volledig mogelijk beeld van de situatie te scheppen en zo mogelijk een prognose te geven van de duur van de versperring. Uitspraken met betrekking tot oorzaak en schuld worden in dit stadium niet gedaan.

(Voor)onderzoek
Ten behoeve van het onderzoek is van groot belang om in een zo vroeg mogelijk stadium zoveel mogelijk gegevens vast te leggen. Door middel van het maken van foto's, het inspreken van geluidscassettes en het in veiligheid brengen van meetregistratie-apparatuur kan vaak belangrijke informatie met betrekking tot het onderzoek worden veiliggesteld. Als eenmaal de fase van redding en opruiming is aangebroken verandert de situatie zo vaak dat vrijwel niemand zich nog de exacte situatie bij het ontstaan van de calamiteit kan herinneren. Bij eenvoudige onregelmatigheden stelt het betrokken bedrijfsonderdeel zelf een onderzoek in. Bij grotere incidenten wordt een onderzoeksleider aangesteld die namens Railned Spoorwegveiligheid onderzoek verricht. Bij spoorwegrampen wordt het onderzoek geleid door het Hoofd van Railned Spoorwegveiligheid zelf. De Spoorwegongevallenraad ziet in alle gevallen toe op de zorgvuldigheid van het onderzoek.

ONGEVALLEN
PERIODE
1970 - HEDEN

POSTTREIN NA OVERWEGBOTSING IN NUNSPEET UITGEBRAND

Op 18 juli 1970 vond rond 00.30 uur een ernstig ongeval plaats op een overweg in Nunspeet, waarbij vijf personen om het leven kwamen. Een personenbusje, dat zojuist een goederentrein had laten passeren, reed de overweg op toen uit de tegenovergestelde richting een motorposttrein kwam die het busje in de flank ramde. Na een explosie van de benzinetank vloog, behalve het busje, ook de mP 3010 in brand en werd evenals alle poststukken nagenoeg volledig verwoest. Doordat de bakconstructie doorgezakt was werd mP 3010 ter inspectie naar het station Nunspeet gesleept om na 14 dagen richting Wph Haarlem te vertrekken. Herstel bleek niet meer mogelijk en uiteindelijk ging de motorposttrein op 9 april 1974 naar de sloper.

De uitgebrande motorposttrein 3010 wacht op 22 augustus 1970 in de Wph Haarlem op transport naar de sloper. (foto Rob van Ee)

BOTSING MET STORMDEUR BIJ KRABBENDIJKE

Een van de merkwaardigste ongevallen in de geschiedenis van de NS vond plaats op 3 augustus 1971 in Zeeland. Intercitytrein 1164 van Vlissingen naar Amsterdam botste ter hoogte van Oostdijk bij Krabbendijke op een coupuredeur, die geplaatst is in een stormdijk en bij overstromingen de spoorbaan kan afsluiten. De deur was als gevolg van blikseminslag losgeslagen, juist op het moment dat treinstel ELD4 732 naderde. De botsing was zo hevig dat het Bk-rijtuig 732 over het nevenspoor, met de neus in tegenovergestelde richting, in een weiland tot stilstand kwam. Na berging werd het Bk-rijtuig op het emplacement van Goes geplaatst in afwachting van transport naar de Wph Haarlem. Op 4 december 1971 kwam het treinstel, voorzien van een nieuwe cabine, weer in dienst.

Het zwaar beschadigde Bk-rijtuig 732 trok na het ongeval veel bekijks van de plaatselijke bevolking. Krabbendijke, 3 augustus 1971. (foto Bram Zuidweg)

Bk-rijtuig 732, voorzien van tijdelijke draaistellen, staat op 8 augustus 1971 in Goes gereed voor transport naar Wph Haarlem. (foto Rob van Ee)

ZWARE BOTSING TUSSEN TWEE TREINEN BIJ DUIVENDRECHT

In de vooravond van eerste Pinksterdag 30 mei 1971 botste trein 862 van Maastricht naar Zandvoort ter hoogte van Duivendrecht achter op internationale trein 296 uit Genua, die voor een stoptonend sein stilstond. Eloc 1219 van trein 862 boorde zich met hoge snelheid in het laatste rijtuig van de internationale trein. In dit geheel vernielde Italiaanse rijtuig nr. 29 444 vielen de meeste slachtoffers. Het duurde tot de volgende ochtend voor het rijtuig en de locomotief uit elkaar waren getrokken. Assistentie hierbij werd verleend door ongevallenkraan no. 481 uit Eindhoven en stoomkraan no. 459 uit Zwolle, alsmede de hersporingsploegen uit Utrecht en Zwolle. Eloc 1219 werd op 31 mei naar het emplacement Dijksgracht gesleept waarna de loc op 14 juni naar de Wph Tilburg werd overgebracht. Bij de botsing werden van trein 862 Eloc 1219 en PlanE rijtuig 29 245 zwaar beschadigd en van trein 296 het FS rijtuig nr. 29 444 dat ter plaatse werd gesloopt. WR-rijtuig 87 105 werd met aanzienlijke schade aan het balkon naar de Wph Haarlem afgevoerd. Het Nederlandse materieel werd in de werkplaatsen van Tilburg en Haarlem weer hersteld. Bij het ongeval waren 5 doden en 18 gewonden te betreuren.

Eloc 1219 met daar bovenop het totaal vernielde FS rijtuig waarin de meeste slachtoffers vielen. Duivendrecht, 30 mei 1971. (foto Rob van Ee)

Een overzicht van de treinbotsing bij Duivendrecht met links trein 862 naar Zandvoort. 30 mei 1971. (foto Rob van Ee)

Zowel ongevallenkraan 481 als de stoomongevallenkraan 459 waren actief bij het ongeval. Op de voorgrond het totaal vernielde FS rijtuig dat inmiddels van het dak van de locomotief is verwijderd. Duivendrecht, 31 mei 1971. (foto Rob van Ee)

De ongevallenkranen in aktie tijdens het hersporen van Eloc 1219 bij Duivendrecht op 31 mei 1971. (foto Rob van Ee)

GOEDERENTREINEN BOTSEN BIJ ZENDEREN

In de nacht van 9 juni 1972 botste Eloc 1111, die met een olietrein onderweg was naar Almelo, ter hoogte van Zenderen achter op een met een defect stilstaande chloortrein. De laatste ketelwagen van deze goederentrein die gevuld was met vloeibaar chloor raakte zwaar beschadigd en vertoonde enige lekkages. De locomotief, die gemangeld werd tussen deze wagen en een oliewagen, raakte aan beide cabines zwaar beschadigd en ontspoorde met een draaistel. Tevens stonden een drietal oliewagens naast het spoor. Met behulp van de ongevallenkraan werden de zwaar beschadigde ketelwagens naast het spoor geplaatst terwijl de locomotief op 15 juni 1972 vanuit Hengelo werd afgevoerd naar de Wph Tilburg, waar men de loc herstelde.

De zwaar beschadigde Eloc 1111 na de botsing bij Zenderen op 9 juni 1972. (foto collectie Rob & Marcel van Ee)

De oliewagen achter locomotief 1111 boorde zich door de kracht van de botsing in de achterste cabine van de loc. Zenderen, 9 juni 1972. (foto collectie Rob & Marcel van Ee)

De hersporing van de oliewagen vond plaats met de ongevallenkraan. Zenderen, 9 juni 1972. (foto collectie Rob & Marcel van Ee)

FOUTIEVE WISSELSTAND IN AMSTERDAM

Als gevolg van een foutieve wisselstand reed de rangerende Eloc 1222 in Amsterdam CS op 5 november 1972 in de flank van trein 562 en ontspoorde. De zijkant van het Bk-rijtuig 752 werd nagenoeg geheel opengereten terwijl het A-rijtuig op de kop werd ingedrukt.
Zowel de locomotief als het treinstel werden hersteld.

De beschadigde ELD4 752 werd na de botsing afgesteld op het emplacement Bovendok in Amsterdam. 7 november 1972. (foto Rob van Ee)

Als gevolg van de botsing werd een deel van de beplating van het Bk-rijtuig opengereten waardoor het interieur zichtbaar werd. Amsterdam-Bovendok, 7 november 1972. (foto Rob van Ee)

DELOC 2279 TOTAL LOSS IN HALFWEG

Op 22 november 1972 ontspoorde een werktrein op een overloopwissel bij Halfweg. DEloc 2279 reed met de cabine voorop de spoordijk af en belandde in een drassig weiland, waarin de loc onmiddellijk meters wegzakte. Berging van de complete loc bleek, gezien de slechte bodemgesteldheid, niet mogelijk. In de nacht van 2 op 3 december werden met behulp van de Utrechtse ongevallenkraan de 15 tons zware dieselmotor en een deel van het chassis geborgen. Het cabinedraaistel en een deel van het chassis zitten heden ten dage nog in de modder.

Diesellocomotief 2279 onder aan de spoordijk bij Halfweg op 25 november 1972. (foto Rob van Ee)

De cabine van de diesellocomotief was zo diep in de modder weggezakt dat berging van de complete loc onmogelijk bleek. Halfweg, 25 november 1972. (foto Rob van Ee)

Langzaam zakt DEloc 2279 weg in het drassige en moeilijk begaanbare weiland bij Halfweg. 25 november 1972. (foto Rob van Ee)

ONTSPORING DEN HAAG HS

Als gevolg van een foutieve wisselstand kwam op het emplacement van station Den Haag HS op 13 augustus 1973 treinstel ELD4 671 op twee sporen terecht waardoor het A-rijtuig met een draaistel ontspoorde.

(foto Georg Groenveld)

AANVARING HEMBRUG

Op 21 oktober 1974 werd door het Amerikaanse booreiland Choctaw II een pijler van de Hembrug aangevaren. Door deze botsing werd het middelste deel van de brug omhooggedrukt waardoor het treinverkeer wekenlang werd ontregeld. Dit was de tweede keer in enkele jaren dat de Hembrug ernstig beschadigd werd. Op 18 december 1970 botste in dichte mist het Russische vrachtschip Komosomoletz Uzbekystana tegen de zuidelijk aanloop van de Hembrug, die ruim twee meter werd verschoven en waardoor beide sporen werden beschadigd. Tot 30 december 1970 was er geen treinverkeer over de Hembrug mogelijk en werden de passagiers met bussen vervoerd.

(foto Rob van Ee)

TWEE DIESELVIJFTREINSTELLEN NA BOTSING BUITEN DIENST

Binnen twee maanden werden in 1974 twee dieselvijftreinstellen met botsschade buiten dienst gesteld en overgebracht naar Zwolle-Rangeerstation. Aangezien voor de in 1940 gebouwde dieselvijven, serie 181-192, 196 en 197, de dienstregeling 1973/74 de laatste was waarin zij nog dienst deden, werd van herstel afgezien. Op een overweg tussen Didam en Wehl botste op 21 maart 1974 treinstel DE5 189 als stoptrein 6724 tegen een busje. Met aanzienlijke schade aan het Bk-rijtuig 189 werd het treinstel via Arnhem afgevoerd naar de dieselwerkplaats Utrecht. Een soortgelijk ongeval vond plaats op 11 mei 1974 toen trein 7620 nabij Blokker op een tractor botste. De schade aan het Bk-rijtuig 187 was geringer maar ook dit treinstel werd naar de Utrechtse werkplaats afgevoerd. Op 31 mei 1974 gingen beide treinstellen naar het opstelterrein Zwolle-Rangeerstation waarna in mei 1975 de DE5 187 en 189 bij de firma Koek in Mijdrecht werden gesloopt.

Dieseltreinstel 189 staat met schade aan het Bk-rijtuig op 19 april 1975 bij Nieuwersluis gereed voor transport naar de sloper in Mijdrecht. (foto Rob van Ee)

Met slechts lichte botsschade aan het Bk-rijtuig wacht op 5 april 1975 dieseltreinstel 187 bij Nieuwersluis op transport naar de sloper in Mijdrecht. (foto Rob van Ee)

ONTSPORING ROTTERDAM CS

Op 29 augustus 1974 ontspoorde sneltrein 5250, Dordrecht-Rotterdam, vlak voor binnenkomst van het Rotterdamse Centraal Station. Treinstel 516 liep met het Bk1-rijtuig uit de rails en vernielde een tweetal bovenleidingportalen. Als gevolg van de ravage was het treinverkeer van en naar Dordrecht de gehele dag gestremd.

(foto collectie Georg Groenveld)

BOTSING BIJ AMSTERDAM-MUIDERPOORT

Op 24 september 1974 botste intercitytrein 841 naar Maastricht even voorbij het station Amsterdam-Muiderpoort achter op stoptrein 4041 naar Rotterdam, die wegens luchtlekkage tot stilstand was gekomen. Door de botsing, die met geringe snelheid plaatsvond, raakte een drietal reizigers licht gewond en liepen de treinen schade op.

NS-medewerkers inspecteren ter plaatse het beschadigde BPk-rijtuig 885 en de licht beschadigde Eloc 1216 van de intercitytrein. (foto collectie Paul Loman)

MATERIEEL 1946 NAAR DE SLOPER IN MIJDRECHT

Tijdens een rangeerbeweging op het emplacement van de Lijnwerkplaats Zwolle botste op 29 oktober 1974 diesellocomotief 2902 op het stilstaande treinstel ELD4 643 waarbij het BDk-rijtuig onherstelbaar werd beschadigd, terwijl DE-loc 2902 niet meer bij NS in dienst kwam. Op 25 februari 1975 vertrok de locomotief met 4 soortgenoten naar Noord-Spanje om daar nog enige jaren dienst te doen. BDk 643+694 gingen in april 1975 voor sloop naar Mijdrecht. Treinstel ELD4 643 kwam weer in dienst met het BDk-rijtuig 694 en werd pas in 1983 afgevoerd.

Met een geknikt BDk-rijtuig staat treinstel 643 op 16 maart 1975 voor sloop terzijde op het emplacement de Rietlanden in Amsterdam. (foto Rob van Ee)

Zij-aanzicht van het zwaar beschadigde BDk-rijtuig 643 op de Rietlanden in Amsterdam. (foto Rob van Ee)

ONGEVAL ROTTERDAM-STADION

Op 20 november 1974 botste nabij het Feijenoordstadion, waar op dat moment de voetbalwedstrijd Nederland-Italië werd gespeeld, trein 5277 van Rotterdam naar Venlo achter op containertrein 212346 die voor een stoptonend sein stond. ELP2 802+854 schoof met het BPk-rijtuig over de laatste wagon van de containertrein heen en kantelde naar links op het dak van de aldaar opgestelde extra voetbaltrein ELD4 673, die licht beschadigd werd. Het zwaar beschadigde BPk-rijtuig 802 werd op nooddraaistellen geplaatst op het emplacement van IJsselmonde in afwachting van transport naar de Wph Haarlem. Het onherstelbare BPk-rijtuig werd in september 1975 afgevoerd naar sloperij Koek te Mijdrecht. De firma Talbot uit Aken leverde op 22 april 1976 een nieuw rijtuig.

Daags na het ongeval wordt ter hoogte van het Feijenoordstadion in Rotterdam het zwaar beschadigde treinstel ELP2 802 geborgen. (foto Georg Groenveld)

Het ABk-rijtuig 802 wordt van nooddraaistellen voorzien voor transport naar de Wph Haarlem. 21 november 1974. (foto Georg Groenveld)

Total loss staat BPk-rijtuig 802 op 20 december 1974 bij de Wph Haarlem in afwachting van sloop. (foto Rob van Ee)

DIESELDRIE IN VEENWOUDEN DOOR BRAND ERNSTIG BESCHADIGD

Als gevolg van brandstichting in stoptrein 8690, die onderweg was van Groningen naar Leeuwarden, strandde op 23 februari 1975 in Veenwouden dieseldrie 149 met een uitgebrand reizigerscompartiment in de mBDk+B-rijtuigen. Op 13 maart werd uit het doorgezakte mBDk-rijtuig de onbeschadigde motor met toebehoren getakeld en opgezonden naar de werkplaats Zwolle, waarna het dieselstel op 17 maart tussen twee locomotoren naar Leeuwarden werd overgebracht. Gesleept door DEloc 2469 werd het treinstel in de nacht van 22 op 23 maart 1975, na een weekendpauze in Amersfoort, naar de Wph Tilburg overgebracht, waar het mBDk-rijtuig in de loop van 1975 werd hersteld.

Het door brand getroffen en gedeeltelijk doorgezakte treinstel DE3 149 staat op 1 maart 1975 in Veenwouden afgesteld in afwachting van transport naar Wph Tilburg. (foto collectie Georg Groenveld)

ONTSPORING MATERIEEL'54 IN HET STATION DEN HAAG HS

Tijdens een rangeerbeweging van spoor 1 naar spoor 8 ontspoorde op 25 april 1975 als gevolg van een foutieve wisselstand in het station Den Haag HS treinstel 739. Hierbij raakte het B-rijtuig beschadigd doordat een truckstel dwars onder de bak kwam te staan. Na de hersporing werd het treinstel voorlopig opgeslagen bij de lijnwerkplaats Leidschendam en ging op 3 juni voor reparatie naar de Wph Haarlem.

B-rijtuig 739 langs het perron van station Den Haag HS, waarbij het draaistel dwars onder de bak is komen te staan. 25 april 1975. (foto Georg Groenveld)

PLAN V UITGEBRAND EN AFGEVOERD

In de nacht 4 op 5 augustus 1975 vloog nabij station Krommenie-Assendelft trein 4797 in brand. Ondanks een snelle melding via telerail, in die jaren op proef in Noord-Holland, kon door de Zaanse brandweer niet voorkomen worden dat treinstel ELP2 878 nagenoeg volledig uitbrandde en dat door de hitte de bovenleiding smolt. Voor onderzoek werd het treinstel naar de lijnwerkplaats Amsterdam-Zaanstraat gesleept, waar werd vastgesteld dat beide bakken doorgezakt waren en herstel uitgesloten was. ELP2 878 was het eerste Plan V treinstel dat, na slechts 3 jaren in dienst te zijn geweest, werd afgevoerd en medio februari 1976 bij de sloper te Mijdrecht arriveerde.

Het totaal uitgebrande interieur van het BPk-rijtuig 878 op 15 februari 1976. (foto Rob van Ee)

Geheel uitgebrand staat treinstel ELP2 878 op 11 augustus 1975 ter inspectie bij de lijnwerkplaats Amsterdam-Zaanstraat. (foto Rob van Ee)

FRONTALE BOTSING BIJ AMSTERDAM CS

Op het Amsterdamse Oostelijk Eiland botste op 8 augustus 1975 de zojuist uit het Centraal Station vertrokken Spanje-Expres, getrokken door Eloc 1112, frontaal tegen treinstel ELP2 845 die als stoptrein 7342 uit Utrecht kwam. Dankzij de lage snelheid van beide treinen werden slechts 8 personen gewond, waaronder de machinist van Eloc 1112 die ruim anderhalf uur in de tropische hitte van die dag bekneld zat in zijn cabine. Zowel Eloc 1112 met PlanD rijtuig 29 123 als het BPk-rijtuig 845 werden zwaar beschadigd overgebracht naar het emplacement Dijksgracht en later in de werkplaatsen hersteld. Het tevens beschadigde PlanD rijtuig 18 105 werd door NS afgevoerd en in september 1975 verkocht aan de Veluwsche Stoomtrein Maatschappij, waar het in Beekbergen als kantoor dienst ging doen.

Brandweerlieden zijn op het Amsterdamse Oostelijk Eiland bezig om de machinist van de locomotief uit zijn cabine te bevrijden. 8 augustus 1975. (foto collectie Georg Groenveld)

Door de botsing ontspoorde het eerste rijtuig Plan D 29 123 achter locomotief 1112 op het Amsterdamse Oostelijk Eiland. 8 augustus 1975. (foto collectie Georg Groenveld)

ERNSTIGE FRONTALE BOTSING TE SCHIEDAM

Op 4 mei 1976 vond tussen de stations Schiedam-Rotterdam-West en Schiedam-Nieuwland een ernstig spoorwegongeval plaats, waarbij een frontale botsing ontstond tussen trein 4116, de stoptrein van Rotterdam naar Hoek van Holland en D-trein 215, de Rheinexpres naar München. Bij dit ongeval kwamen 24 personen om het leven en velen, waaronder de machinist van de stoptrein, raakten meer of minder zwaar gewond. Om ongeveer 7.50 uur naderde D-trein 215, getrokken door Eloc 1311, via het linker spoor het station Schiedam-Rotterdam-West en passeerde de op het rechter spoor, voor een stoptonend sein, tot stilstand gekomen trein 4125 bestaande uit EL2+2 458+817. Op dat moment was trein 4116, bestaande uit Sprinters 2008+2001, reeds uit het station Schiedam vertrokken en botste frontaal op Eloc 1311. Bij de botsing werd het ABk-rijtuig 2008 volledig verwoest en door Eloc 1311 opzij geworpen tegen treinstel EL2 458 die tevens werd beschadigd. Rond het middaguur werd Eloc 1311 door DEloc 2427 naar Vlaardingen terug gesleept terwijl ook de treinstellen ELP2+2 817+458 met behulp van een ketting door DEloc 2427 werden weggesleept. Later op de dag werd het Bk-rijtuig 2008 door DEloc 2265 richting Schiedam getrokken terwijl de berging van de verwoeste ABk 2008 door de ongevallenkraan no. 482 uit Utrecht werd uitgevoerd. Het beschadigde materieel werd hersteld, echter voor het ABk-rijtuig 2008 werd op 4 september 1978 door de firma Talbot te Aken een nieuw rijtuig geleverd.

Reddingswerkers in aktie bij het zwaar beschadigde ABk-rijtuig 2008, rechts locomotief 1311 met ingedrukte cabine. Schiedam, 4 mei 1976. (foto collectie Georg Groenveld)

Links het ABk-rijtuig 458 van stoptrein 4125 met daarachter de zwaar gehavende Sprinter El2 2008 in Schiedam op 4 mei 1976. (foto collectie Georg Groenveld)

De zwaar beschadigde Eloc 1311 wordt door DEloc 2427 naar de opstelsporen in Vlaardingen gesleept. Schiedam, 4 mei 1976. (foto collectie Georg Groenveld)

Nadat de treinstellen EL2+2 458+817 van stoptrein 4125 zijn weggesleept bleef de zwaar gehavende Sprinter El2 2008 achter op de plaats van het ongeval. Schiedam, 4 mei 1976. (foto Georg Groenveld)

De restanten van het ABk-rijtuig 2008 worden met behulp van de Utrechtse ongevallenkraan nr. 482 naast het spoor getakeld. Schiedam, 4 mei 1976. (foto Georg Groenveld)

DEloc 2235 ontspoorde op 9 oktober 1976 volledig na de botsing met het stootjuk in Geldermalsen. (foto Rob van Ee)

Aan de overzijde van het riviertje de Linge is te zien dat de loc net niet te water is gegaan. Geldermalsen, 9 oktober 1976. (foto Rob van Ee)

Op het emplacement van Geldermalsen reed op 7 oktober 1976 DEloc 2235 van goederentrein 476131 door het stootjuk en belandde bijna in het riviertje de Linge. De machinist kwam met de schrik vrij.

Enige dagen later werd de onfortuinlijke locomotief weer op het spoor gezet, waarna het stootjuk werd vernieuwd.

ERNSTIG SPOORWEGONGELUK BIJ 's-HEER ARENDSKERKE

Op 27 oktober 1976 deed zich, nabij het Zeeuwse 's-Heer Arendskerke, een ernstig spoorwegongeval voor toen stoptrein 4611 van Roosendaal naar Vlissingen in dichte mist met grote snelheid achter op de voor het Sloegebied bestemde goederentrein 720521D botste. Hierbij kwamen zeven personen om het leven, waaronder de machinist van de stoptrein en een storingsmonteur. Op het moment van de botsing reed de goederentrein, getrokken door DEloc 2229 en bestaande uit 15 lege ketelwagens en 2 platte wagens, via de naar links leidende wissels het goederenspoor op dat naar het industrieterrein in het Sloegebied leidt. Van de stoptrein, bestaande uit ELD4 787+Pec.1926, werd het vooroplopende Bk-rijtuig 787 door de klap over een vijftal ontspoorde en gekantelde ketelwagens geworpen en kwam totaal vernield dwars over de spoorbaan boven op drie ketelwagens tot stilstand. Het A-rijtuig 787 ontspoorde eveneens en kwam met forse schade aan de linkerzijde van de spoorbaan terecht. De overige rijtuigen alsmede postrijtuig 1926 bleven in het spoor en werden daags na het ongeval naar Goes terug gesleept. Een bovenleidingsportaal werd vernield alsmede 100 meter bovenleiding en spoorrails. De opruimings- en hersporingswerkzaamheden werden verricht door de ongevallenkraan uit Eindhoven en de hersporingsploeg van Rotterdam-Goederen. Het A-rijtuig werd op nooddraaistellen geplaatst en in de nacht van 30 op 31 oktober naar Goes gesleept om via Roosendaal op 20 november in de Wph Haarlem te arriveren. De restanten van het Bk-rijtuig 787 werden ter plaatse gesloopt. Op 15 maart 1977 werd het treinstel als ELD4 1787, met ex Bk-rijtuig 380 als plaatsvervanger, weer in dienst gesteld. Aanvankelijk werd Pec.1926 in de Wph Tilburg terzijde gesteld, maar ging enige maanden later toch in revisie en werd op 21 juni 1977 afgeleverd.

Een overzicht van de ravage na de botsing tussen een personen- en een goederentrein bij 's-Heer Arendskerke op 27 oktober 1976. (foto collectie Rob & Marcel van Ee)

Het verongelukte treinstel ELD4 787 na de botsing met de goederentrein bij 's-Heer Arendskerke op 27 oktober 1976. (foto Bram Zuidweg)

Het Bk-rijtuig 787, waarvan de cabine volledig is weggeslagen, kwam haaks boven op de ketelwagens van de goederentrein terecht. 's-Heer Arendskerke, 27 oktober 1976. (foto Bram Zuidweg)

Zij-aanzicht van het Bk-rijtuig 787 boven op twee ontspoorde ketelwagens. 's-Heer Arendskerke, 27 oktober 1976. (foto Bram Zuidweg)

Van treinstel 787 ontspoorde tevens het A-rijtuig die daarbij een bovenleidingportaal kraakte. 's-Heer Arendskerke, 27 oktober 1976. (foto Bram Zuidweg)

DIESELTWEE GING STRAATJE OM IN KAMPEN

Op 9 december 1977 had de machinist van trein 8543 bij binnenkomst van het station Kampen problemen met de remmen en kwam niet meer tijdig langs het perron tot stilstand. Dieseltwee 69 ramde het stootjuk, schoof over de perronwand de openbare weg op en kwam uiteindelijk precies voor het zebrapad tot stilstand. Bij deze botsing liep het BDk-rijtuig aan de onderzijde aanzienlijke schade op terwijl er niemand gewond raakte.

(foto's Kees Sinke)

AFVOER TREINSTEL ELD4 648

Als gevolg van een foutieve rangeerbeweging botsten op 31 januari 1978 te Rotterdam CS de treinstellen ELD4 648 en ELP2 805 op elkaar. De ELP2 805 kwam op 1 februari 1978 met schade aan het ABk-rijtuig in de Wph Haarlem aan en werd hersteld terwijl ELD4 648 met schade aan het BDk-rijtuig in maart 1979 naar de sloper in Mijdrecht ging.

In afwachting van transport naar de Wph Haarlem staat het beschadigde treinstel ELD4 648 na de botsing in het Rotterdamse Centraal Station op 31 januari 1978. (foto collectie Rob & Marcel van Ee)

STOPTREIN GEKANTELD IN HOEK VAN HOLLAND

Op 17 april 1978 ontspoorde kort na vertrek uit het station van Hoek van Holland stoptrein 4153 naar Rotterdam CS op een overloopwissel. Van het treinstel kantelde het ABk-rijtuig 908 en versperde een tweetal sporen. Twee reizigers raakten licht gewond. Met behulp van twee mobiele kranen en assistentie van de ongevallenwagen Rotterdam-Feijenoord werd het rijtuig weer op de sporen geplaatst.

(foto collectie Rob & Marcel van Ee)

De beschadigde Koningshavenbrug in Rotterdam op 10 mei 1978 waarbij duidelijk te zien is dat het contragewicht van de brug scheef hangt. (foto collectie Rob & Marcel van Ee)

Extreem te noemen zijn de drie langdurige stremmingen op vitale trajecten in het Nederlandse spoorwegnet in vijf dagen tijd. Op 10 mei 1978 werd rond de ochtendspits de Rotterdamse Koningshavenbrug aangevaren met als gevolg dat de brug ruim twee weken buiten gebruik was. Tevens was voor de Nederlandse Spoorwegen in die periode het belangrijke Noord-Zuidwest traject gestremd. In de nacht van 12 op 13 mei 1978 werd de West-Oostroute gedeeltelijk versperd als gevolg van een botsing tussen twee goederentreinen aan de oostzijde van het station Tilburg. DEloc 2438 kwam daar met de omgeleide, lege chloortrein 325546 uit Rotterdam-Zuid op een wissel zijdelings in aanrijding met goederentrein 41057 uit Venlo. DEloc 2438 en vier ketelwagens ontspoorden, terwijl van trein 41057 drie wagens kantelden. Twee ketelwagens werden op platte wagens afgevoerd naar Tilburg-Goederen om met DEloc 2438 in juli 1978 te worden gesloopt. Daags na de botsing in Tilburg was het wederom mis, nu op de doorgaande Noord-Zuid route. Ter hoogte van Oud-Heeze liep leeg materieeltrein 76424 in een wisselstraat uit de rails. Bij de ontsporing brak treinstel ELD2 420 in twee delen waarbij het ABDk-rijtuig 420 kantelde en het Bk-rijtuig 420 over de spoorbaan schoof en gedeeltelijk in de tuin van een voormalige overwegwachterswoning terecht kwam. Evenals in Tilburg werden ook in Heeze de ongevallenkranen uit Utrecht en Eindhoven ingezet om het treinstel te bergen en het op noodlorries op de losweg van het voormalig station Oud Heeze te plaatsen, waar de bakken begin juni 1978 werden gesloopt. De beide cabines alsmede een truckstel en vloerdelen werden voor reserve doeleinden naar de Wph Haarlem afgevoerd.

Als gevolg van de ontsporing vernielde Bk-rijtuig 420 een bovenleidingportaal en verloor daarbij een draaistel. Heeze, 14 mei 1978. (foto collectie Rob & Marcel van Ee)

STRENGE WINTER 1978/79

Onder barre winterse omstandigheden ontspoorde op 2 januari 1979 ELD4 504 met vier truckstellen op spoor 5 van station Amersfoort. De ongevallenploeg uit Utrecht zorgde voor hersporing met behulp van de kraan. Het beschadigde treinstel werd ter reparatie op 15 januari 1979 naar de Wph Haarlem overgebracht.

DEloc 2474 staat met de Utrechtse ongevallentrein naast het ontspoorde treinstel ELD4 504 in Amersfoort op 2 januari 1979. (foto Georg Groenveld)

ONGEVAL OP STRAATSPOOR IN AMSTERDAM-WEST

Als gevolg van een aanrijding tussen een bestelbusje en DEloc 2276 op de Amsterdamse Haarlemmerweg raakten op 30 mei 1979 twee personen gewond. Ter hoogte van de toenmalige Maggi fabrieken reed de locomotief, onder begeleiding van een rangeerder met rode vlag, van het raccordement Markthallen naar het hoofdspoor nabij de Singelgracht.

(foto Dirk Kruijt)

ERNSTIGE FRONTALE BOTSING IN NIJMEGEN

Op 28 augustus 1979 vond om 18.07 uur even buiten het station Nijmegen een frontale botsing plaats tussen stoptrein 4365 van Nijmegen naar Den Bosch en leeg materieeltrein 74363 die over het linker spoor uit Wijchen in de richting van Nijmegen was vertrokken. De machinist van de stoptrein, bestaande uit ELD2+2 256+224, moet zijn tegenligger nauwelijks hebben opgemerkt omdat het zicht ter plaatse, gelegen in een uitgraving met een flauwe rechter boog, slecht is. Leeg materieeltrein ELP2 936 werd door de botsing met de volle stoptrein circa 100 meter richting Wijchen terug gedrukt. Het gevolg was dat ABk-rijtuig 936 zich diep in Bk-rijtuig 256 boorde, waarbij 8 doden en 30 gewonden te betreuren waren. Daags na de botsing werd ELP2 936 door DEloc 2333 en ELD2 256 door DEloc 2443 naar het emplacement van Nijmegen overgebracht, waar de rijtuigen Bk+ABDk 256 in de loop van september 1979 werden gesloopt terwijl ABDk-rijtuig 224 in de Wph Haarlem werd hersteld. Van Plan V treinstel ELP2 936 werd het onbeschadigde BPk-rijtuig gecombineerd met ABDk-rijtuig 401 tot een nieuw treinstel 401. Het Bk-rijtuig 401 rijtuig had namelijk op 30 oktober 1979 ernstige brandschade in Rotterdam opgelopen. Het zwaar beschadigde ABk-rijtuig 936 ging op 5 maart 1982 naar de firma Talbot te Aken die het op 1 februari 1983 afleverde met een kop van het op 14 mei 1978 bij Heeze verongelukte treinstel ELD2 420.

Op het emplacement van Nijmegen staan de beschadigde treinstellen ELD2 256 en ELP2 936 afgesteld. 29 augustus 1979. (foto Paul Loman)

DEloc 2443 sleept treinstel ELD2 256 naar het emplacement van Nijmegen op 29 augustus 1979. (foto Dirk Kruijt)

Om het zwaar beschadigde ABk-rijtuig 936 naar het emplacement van Nijmegen te vervoeren werd op 29 augustus 1979 met behulp van de Eindhovense ongevallenkraan nr. 481 het rijtuig op noodassen gezet. (foto Dirk Kruijt)

Onder toeziend oog van twee NS-medewerkers wordt het zwaar beschadigde treinstel ELP2 936 op 29 augustus 1979 door DEloc 2333 naar het emplacement van Nijmegen geduwd. (foto Dirk Kruijt)

Op 29 augustus 1979 wordt het onherstelbaar beschadigde treinstel ELD2 256 naar het emplacement van Nijmegen gesleept. (foto Dirk Kruijt)

Aan de beide cabines is te zien hoe het ABk-rijtuig 936 zich in het Bk-rijtuig 256 had geboord. Nijmegen, 29 augustus 1979. (foto Paul Loman)

Van het achteroplopende treinstel ELD2 224 werd bij de botsing het ABDk-rijtuig beschadigd. Nijmegen, 29 augustus 1979. (foto Dirk Kruijt)

BOTSING MET ZANDAUTO BIJ FRANEKER

Op een Aki te Achlum nabij Franeker reed op 3 oktober 1979 trein 8250 van Harlingen naar Leeuwarden een met zand beladen vrachtauto aan. Door de klap werd de zandauto van de spoorbaan geslingerd terwijl de ABDk-zijde 27 zwaar beschadigd werd en ontspoorde met het voorste draaistel. Het treinstel werd niet meer hersteld en ging op 6 december 1979, in twee delen op platte wagens, vanuit de lijnwerkplaats Zwolle naar zijn eindbestemming, sloperij Koek in Mijdrecht.

De zwaar beschadigde ABDk-cabine van DE1 27 voor de lijnwerkplaats Zwolle op 27 oktober 1979. (foto Rob van Ee)

HEUVELLOC BOTST OP RANGEERLOC

Tijdens heuvelwerkzaamheden op het goederenemplacement van de Kijfhoek reed op 18 februari 1980 heuvellocomotief 2301 tegen rangeerlocomotief 648 die met een konvooi goederenwagens op een verdeelspoor stond afgesteld. Als gevolg van de botsing werd DERloc 648 gemangeld tussen de diesellocomotief en enige goederenwagens. Met behulp van de hersporingsploeg van Rotterdam-Feijenoord en de Utrechtse ongevallenkraan werd de aan beide zijden zwaar beschadigde rangeerlocomotief afgevoerd.
Zowel DERloc 648 als DEloc 2301 werden in de Wph. Tilburg hersteld.

De zwaar beschadigde DERloc 648 is door de botsing met DEloc 2301 geheel naast het spoor komen te staan. Kijfhoek, 18 februari 1980. (Hans Scherpenhuizen)

ONTSPOORDE STOPTREIN RAMT PIJLER VAN VIADUCT IN ROTTERDAM

Op 22 januari 1980 ontspoorde rond 12.15 uur de stoptrein 9834 van Utrecht naar Rotterdam CS op het aftakkingsspoor nabij de Rotterdamse Kleiweg. Voor treinstel ELP2 931 was abusievelijk een rijweg ingesteld die naar rechts, richting Kleiweg, leidde in plaats van rechtdoor richting Rotterdam CS. Omdat voor deze aftakking de snelheid van de trein te hoog was, ontspoorde deze en ramde met het BPk-rijtuig een seinpaal, twee bovenleidingsmasten en twee pijlers van het viaduct. Na honderd meter kwam het treinstel met zware schade aan de cabine tot stilstand op een betonnen voetstuk van een bovenleidingsmast. Vier personen werden licht gewond waaronder de machinist. Na hersporing werd ELP2 931 naar Rotterdam CS gesleept en later in de Wph Haarlem hersteld.

Het ontspoorde treinstel ELP2 931 bij de aansluiting Rotterdam Kleiweg op 22 januari 1980. Duidelijk is te zien dat het treinstel de linksgelegen hoofdsporen heeft verlaten. (foto's Kees Sinke)

Het BPk-rijtuig 931 raakte bij de ontsporing zwaar beschadigd als gevolg van een botsing met twee pijlers van het viaduct bij de Rotterdamse Kleiweg. Rotterdam CS, 22 januari 1980. (foto Kees Sinke)

AUTO EN TREIN IN BRAND NA BOTSING BIJ DEVENTER

Grote ravage ontstond op 12 april 1980 toen op een overweg in Colmschate nabij Deventer een gestrande auto door trein 4389 werd gegrepen en deze circa 700 meter meesleepte. Als gevolg van een gescheurde benzinetank vloog de auto in brand, waardoor tevens het ABDk-rijtuig 223 vlam vatte en geheel werd verwoest. Door de opspattende ballast werd ook tegentrein 4378 beschadigd en werden de cabineramen van treinstel ELD2 270 vernield. Treinstel ELD2 223, dat ooit als museumstel zou gaan rijden, werd afgevoerd en op 16 december 1980 naar de sloper in Mijdrecht overgebracht.

Doorgezakt en door brand verwoest staat treinstel ELD2 223 na de botsing afgesteld op het rangeerterrein van Deventer. 3 mei 1980. (foto Rob van Ee)

Het ABDk-rijtuig 223 is zowel aan de buitenzijde als in de cabine totaal verwoest en onherstelbaar beschadigd. Deventer, 3 mei 1980. (foto's Rob van Ee)

ERNSTIGE FRONTALE BOTSING NABIJ WINSUM

Tussen Winsum en Sauwerd reden op 25 juli 1980 rond 7.30 uur in dichte mist trein 8726 van Roodeschool naar Groningen en de tegentrein 8713 frontaal op elkaar als gevolg van een communicatiefout. Dit baanvak had een afwijkend beveiligingssysteem, de z.g. Centrale Radio Verkeersleiding (CRVL), die de rij-opdrachten vanuit de Verkeersleiding te Groningen aan de machinisten verzorgde. Met een enorme klap boorde trein 8713, bestaande uit DE2+2 87+79, zich diep in het ABk-rijtuig 84 die gedeeltelijk over het BDk-rijtuig 87 werd gedrukt waardoor beide bakken onherstelbaar werden beschadigd. Bij dit ongeval vielen 9 doden, waaronder 3 machinisten, en ruim 20 gewonden. Voor het opruimen van de materiële ravage werden de ongevallenwagen van Groningen en een tweetal particuliere mobiele kranen ingezet. In de loop van de avond werden de DE2 79+ABk 87 en BDk 84 per spoor overgebracht naar Groningen. De zwaar beschadigde rijtuigen ABk 84 en BDk 87 werden ter plaatse in het weiland gesloopt. Medio mei 1981 werden de ABk79 en BDk87 (ex 84) alsnog bij de lijnwerkplaats in Zwolle gesloopt, terwijl DE2 87 (ABk87+BDk77) en DE2 77 (ABk77+BDk79) op 2 september 1980 weer in de dienst terugkeerden. DE2 87 werd als laatste dieseltwee in een serie van 26 stuks gerenoveerd en kwam op 12 augustus 1981 als DE2 186 weer op de baan.

Een overzicht van de ravage na de frontale botsing bij Winsum op 25 juli 1980 tussen de dieseltreinen DE2 84 en 87 (rechts). De opruimingswerkzaamheden zijn in volle gang, treinstel DE2 79 is inmiddels naar Sauwerd terug gesleept. (foto Paul Loman)

Reddingswerkers doorzoeken de in elkaar geschoven rijtuigen ABk 84 (links) en BDk 87 bij Winsum op 25 juli 1980. (foto Paul Loman)

Op 26 juli 1980 staan, in afwachting van sloop en afgedekt door zeilen, de restanten van BDk-rijtuig 87 (op de voorgrond) en ABk-rijtuig 84 in een naast de spoorbaan gelegen weiland bij Winsum. 26 juli 1980. (foto Rob van Ee)

Op 28 juli 1980 waren de overige rijtuigen ABk 87+BDk 84 inmiddels bij de werkplaats van Groningen gearriveerd en staan daar in afwachting van transport naar de Wph Haarlem. (foto Rob van Ee)

Ook het achteroplopende dieseltreinstel DE2 79 liep aan het ABk-rijtuig ernstige schade op en werd alsnog medio mei 1981 bij de lijnwerkplaats Zwolle gesloopt. 28 juli 1980. (foto Rob van Ee)

SPRINTER RIJDT VAN BRUG IN VLAARDINGEN

Zeker niet alledaags was de ontsporing op 15 september 1980 in Vlaardingen. Trein 4228 van Rotterdam naar Maassluis ontspoorde op de spoorbrug over de Buitenhaven te Vlaardingen die zojuist voor het scheepvaartverkeer geopend was geweest en nog niet geheel was gesloten. Niettemin reed treinstel EL2 2049 de draaibrug op waarna het achterste ABk-rijtuig ontspoorde, langzaam naar rechts kantelde en het voorste gedeelte meenam. Het Bk-rijtuig 2049 kwam op de zware middenpijler naast de brug terecht waardoor de bak een knik in de zijwand opliep. Het ABk-rijtuig viel op het landhoofd aan de oostzijde van de draaibrug en voorkwam dat het treinstel in het water van de Buitenhaven belandde. Twee draaistellen verdwenen in het water en werden later geborgen door twee Railbouwspoorkranen met DEloc 2480 die tevens de beide bakken uit hun benarde positie bevrijdden en zijdelings op de losweg van het station Vlaardingen Centrum plaatsten. Via de Wph Haarlem ging het treinstel op 27 maart 1981 ter reparatie naar de firma Talbot in Aken waarna het op 15 april 1982 weer terugkeerde in de dienst. Na inbouw van een middenrijtuig in juni 1983 rijdt het treinstel thans als Sprinterdrie EL3 2849.

Op de overzichtsfoto is te zien dat de ontspoorde Sprinter 2049 naast de draaibrug is gekanteld en op het landhoofd terecht is gekomen. Vlaardingen, 15 september 1980. (foto Hans Scherpenhuizen)

De omgeslagen Sprinter hangt na de ontsporing boven het water van de Buitenhaven in Vlaardingen op 15 september 1980. (foto Kees Sinke)

Foto linker pagina:
Het gekantelde Bk-rijtuig 2049 heeft in zijn val van de draaibrug een bovenleidingportaal vernield. Vlaardingen, 15 september 1980. (foto Rob van Ee)

Met behulp van twee Railbouwspoorkranen worden beide rijtuigen zijdelings naar de losweg in Vlaardingen vervoerd. 15 september 1980. (foto Dirk Kruijt)

Daags na de ontsporing ligt de zwaar gehavende Sprinter EL2 2049 op de losweg in Vlaardingen in afwachting van transport naar de Wph Haarlem. 16 september 1980. (foto collectie Rob & Marcel van Ee)

VIER TREINEN BOTSEN TE WARMOND

Bij Warmond deed zich op 3 december 1980 een gekompliceerde botsing voor tussen een werktrein, een trein met wagens porfiergruis, de intercity Rotterdam-Den Helder en de stoptrein Amsterdam-Den Haag CS. Om 6.45 uur botste, op een van de twee tussen de hoofdsporen Haarlem-Leiden in aanleg zijnde sporen voor de Schiphollijn, DEloc 2455 met wagens porfiergruis op een stilstaande stomp-lasmachine met een verblijfswagen van Ploeg 901. DEloc 2455 ontspoorde en kantelde richting het reizigersspoor Haarlem-Leiden terwijl de verblijfswagen dwars op het baanvak Leiden-Haarlem terecht kwam. Even later schampte het ABk-rijtuig van stoptrein 5323 bestaande uit Sprinter EL2 2057 de DEloc 2455 en uit tegenovergestelde richting kwam de intercitytrein 2927 in botsing met de verblijfswagen die daardoor werd vernield. Als gevolg van de botsing ontspoorde intercity ELP2 871, reed circa 100 meter door, schaarde en schoof haaks van de rails met het ABk-rijtuig de naastgelegen sloot in. Het BPk-rijtuig hing scheef in het spoor maar kantelde niet. Zowel de machinist van de dieselloc als die van de intercity naar Den Helder overleefden het ongeval helaas niet tevens raakten 3 personen gewond. Het opruimingswerk dat tot de volgende dag duurde werd onder winterse omstandigheden uitgevoerd door de ongevallenploegen uit Rotterdam-Feijenoord en Utrecht met de ongevallenkraan. De restanten van DEloc 2455 werden bij de Wph Tilburg gesloopt terwijl de treinstellen weer werden opgeknapt in de Haarlemse werkplaats.

Na de botsing met de werktrein ontspoorde de intercity ELP2 871 en kwam met het ABk-rijtuig in een naast de spoorbaan gelegen sloot terecht. Warmond, 3 december 1980. (foto Rob van Ee)

Total loss ligt DEloc 2455 tussen diverse wagens van de werktreinen die met elkaar in botsing waren gekomen. Warmond, 3 december 1980. (foto's Georg Groenveld)

Tussen de ravage bij Warmond ligt de zwaar beschadigde stomp-lasmachine met daar bovenop de verblijfswagen van Ploeg 901. 3 december 1980. (foto Georg Groenveld)

De stoptrein Amsterdam-Den Haag CS kwam enkele seconden na de botsing in aanrijding met het ontspoorde materieel en raakte daarbij aan het ABk-rijtuig 2057 beschadigd. Leiden, 6 december 1980. (foto Georg Groenveld)

Met behulp van de Utrechtse ongevallenkraan werden de sporen weer vrijgemaakt. Warmond, 3 december 1980. (foto Georg Groenveld)

FOUTIEVE WISSELSTAND IN SCHARWOUDE

In Scharwoude botste op 9 februari 1981 om 20.50 uur een stoptrein met lage snelheid op een stilstaande trein. Het ongeluk vond plaats op het kruisingsspoor nabij het voormalige station Avenhorn gelegen aan het enkelsporige baanvak Purmerend-Hoorn. Trein 4579 met treinstel ELP2 893 komende uit Amsterdam botste op trein 4568 met treinstel ELP2 884, die te Avenhorn op kruising wachtte met de trein uit Amsterdam. Op het tijdstip van de botsing was er een blokstoring op het baanvak, waardoor het inrijsein niet bediend kon worden. Trein 4579 werd door de blokwachter opgezwaaid, echter het wissel stond niet in de juiste stand. Ondanks dat de trein met slechts 15 km/h botste waren er 12 personen gewond. De schade aan het ABk-rijtuig 884 en aan het BPk-rijtuig 893 werden hersteld.

Schade aan het ABk-rijtuig 884 na de frontale botsing met de ElP2 893 van trein 4579 te Scharwoude op 9 februari 1981. (foto Rob van Ee)

DIESELLOCOMOTIEF DOOR STOOTJUK IN BARENDRECHT

Op 26 maart 1981 reed DEloc 2238 in volle vaart door een stootjuk in Barendrecht en belandde in zijn gehele lengte naast het spoor.
Aangezien de locomotief tot aan zijn assen in het grind vast zat, duurde het enige uren voordat de locomotief was uitgegraven. Met behulp van een tweetal particuliere mobiele kranen werd de onfortuinlijke loc weer op het spoor gezet.

(foto collectie Rob & Marcel van Ee)

RIJTUIG PLAN E UITGEBRAND BIJ HALFWEG

Op 3 mei 1981 brak, als gevolg van brandstichting, bij Halfweg brand uit in het laatste rijtuig van de intercitytrein 952 naar Zandvoort. Door een snelle aktie van het treinpersoneel werd het brandende rijtuig afgekoppeld. De Amsterdamse brandweer kon echter niet voorkomen dat het PlanE rijtuig 29 207 nagenoeg volledig uitbrandde. Op 12 juni 1981 werd het rijtuig afgevoerd voor sloop.

(foto Dirk Kruijt)

INTERCITY SCHAMPT RANGEERDEEL IN AMERSFOORT

Op 11 juli 1981 kwam intercity 722 op het station Amersfoort zijdelings in botsing met een rangeerdeel. Van de intercity, bestaande uit treinstellen ELD2 325+740+713, werden bijna alle rijtuigen over de gehele lengte aan de zijwanden beschadigd en kwamen voor herstel naar de Wph Haarlem.

(foto Dirk Kruijt)

ERTSTREIN BOTST TE BREDA OP LOCOMOTOR

In de nacht van 14 op 15 oktober 1981 kruiste om 03.15 uur locomotor 237 met drie wagens het hoofdspoor in de richting van Tilburg. De locomotor kwam van een raccordementsspoor aan de oostzijde van Breda, ter hoogte van de Skol bierbrouwerijen. Tegelijkertijd naderde over het hoofdspoor, met een snelheid van 80 km/h, uit de richting Tilburg een lege ertstrein (Venlo-Kijfhoek) bestaande uit 42 Fads en getrokken door DElocs 2218, 2285, 2286 en 2230. De twee rangeerders sprongen van de locomotor en probeerden de machinist van de ertstrein door middel van lichtsignalen te waarschuwen. De machinist voerde een snelremming uit en bracht de snelheid nog terug naar 60 km/h. Een botsing was echter niet meer te vermijden en locomotor 237 werd finaal platgereden door de vooroplopende DEloc 2218, die naar rechts ontspoorde en kantelde. DElocs 2285 en 2286 wrongen zich langs de 2218 en ontspoorden eveneens. De vierde DEloc 2230 ontspoorde naar links en boorde zich haaks in het nevenspoor en in een tweetal Fads. Het locpersoneel kwam met de schrik vrij. Van de rangerende locomotor was slechts het motorblok nog herkenbaar, een wagen met poststukken kantelde terwijl de overige twee wagens door de klap ver voorbij het station van Breda tot stilstand kwamen. In de loop van 15 oktober kwamen de opruimingswerkzaamheden op gang waarbij het hersporen geschiedde door middel van de ongevallenkraan Utrecht en een particuliere kraan. De restanten van locomotor 237 werden voor sloop afgevoerd naar de Wph Tilburg en samen met DEloc 2218 op 9 en 10 maart 1982 gesloopt. DElocs 2230, 2285 en 2286 werden hersteld waarbij de nog bruine 2285 tevens werd gehuisstijld.

Een deel van de ontspoorde ertstrein met links DEloc 2230 en rechts DEloc 2218 in Breda op 15 oktober 1981. (foto Rob van Ee)

Detailopname van de geheel ontspoorde diesellocomotieven 2218 en 2230 in Breda op 15 oktober 1981. (foto Rob van Ee)

Terwijl op de achtergrond de bovenleiding wordt afgespannen, ligt op de voorgrond een gedeelte van de volledig vernielde locomotor 237 met links de onherstelbaar beschadigde DEloc 2218. Breda, 15 oktober 1981. (foto Rob van Ee)

Door de botsing met de locomotor werd de vooroplopende DEloc 2218 tegen het hek en tussen de kratten van de Skol bierbrouwerij in Breda geworpen. 15 oktober 1981. (foto Rob van Ee)

Diesellocomotieven 2286+2285 liepen zware zijschade op als gevolg van de botsing. Rechts de gekantelde wagen die door de locomotor werd getrokken. Breda, 15 oktober 1981. (foto Rob van Ee)

DEloc 2230 heeft het spoor geheel verbogen en staat zwaar beschadigd, met op de achtergrond DElocs 2286+2285, temidden van de ravage. Breda, 15 oktober 1981. (foto Rob van Ee)

Bij een frontale botsing tussen twee stoptreinen in het station Lunteren werden op 4 november 1981 zes passagiers licht gewond.
De botsing ontstond doordat trein 7419, komende uit Amersfoort, door het rode sein gleed en frontaal op trein 7422 botste. Een gladde rails, veroorzaakt door motregen en natte bladeren, was de oorzaak van het doorglijden van treinstel ELD2 280, die aan het ABDk-rijtuig zware schade opliep. Van trein 7419, bestaande uit ELP2+2 810+825 werd het ABk-rijtuig 810 beschadigd. De machinisten van beide treinen wisten tijdig naar de achtergelegen ruimten te ontkomen en bleven ongedeerd. In de Wph Haarlem werd het ABk-rijtuig 810 weer hersteld en op 29 maart 1982 afgeleverd. Treinstel ELD2 280 werd niet meer hersteld en via de werkplaats Utrecht op 1 december 1981 afgevoerd naar sloperij Koek in Mijdrecht.

Treinstel ELP2 810 kwam na de frontale botsing bij Lunteren voor herstel van het ABk-rijtuig naar de Wph Haarlem. 8 november 1981. (foto Dirk Kruijt)

Als gevolg van de frontale botsing bij Lunteren met trein 7419 werd treinstel ELD2 280 met zware botsschade aan het ABDk-rijtuig bij de sloper in Mijdrecht op 1 december 1981 afgeleverd. (foto Rob van Ee)

DELOC ONTSPOORD OP DWARSLIGGERS NABIJ ROTTERDAM

Een aantal dwarsliggers in het spoor waren er op 8 november 1981 de oorzaak van dat DEloc 2428 bij het station Rotterdam-Alexanderpolder ontspoorde en dwars over de sporen kantelde. De dwarsliggers waren van een werktrein gevallen die nota bene door dezelfde dieselloc naar Rotterdam-Noord was gebracht. Op de terugrit reed de losse locomotief op de obstakels in en vernielde tevens nog een bovenleidingportaal. Hersporing van DEloc 2428 geschiedde met behulp van de ongevallenkranen uit Eindhoven en Utrecht.

DEloc 2428 ligt dwars over het sporen bij station Rotterdam-Alexanderpolder op 8 november 1981. (foto collectie Rob & Marcel van Ee)

De ongevallenkranen van Eindhoven en Utrecht zetten de diesellocomotief weer op het juiste spoor. Rotterdam-Alexanderpolder, 8 november 1981. (foto collectie Rob & Marcel van Ee)

MIST EN MEST BIJ HOUTEN

Op 12 december 1981 botste in dichte mist trein 6042 op een overweg nabij Houten tegen een trekker met 2 gierwagens. Door de klap ontspoorde het ABk-rijtuig 820 met een truckstel en raakte onder het gier bedolven. Het duurde geruime tijd voordat het treinverkeer op dit belangrijke Noord-Zuid traject weer op gang kwam.

(foto collectie Rob & Marcel van Ee)

PLAN V IN DE FOUT BIJ AMSTERDAMSE WERKPLAATS ZAANSTRAAT

Tijdens een rangeerbeweging met de treinstellen EL2 467+828 op het emplacement van de lijnwerkplaats Amsterdam-Zaanstraat ontspoorde op 28 april 1982 het laatste truckstel onder het Bk-rijtuig 467. Een snelle reactie van de rangeerder voorkwam dat een bovenleidingmast werd gekraakt. In de loop van de ochtend werd met behulp van de ongevallenploeg uit Amsterdam het stel weer in de rails gezet.

(foto Rob van Ee)

TREK-DUWEENHEID ONTSPOORD BIJ WERKPLAATS AMSTERDAM-ZAANSTRAAT

Bij het vertrek uit de Amsterdamse lijnwerkplaats Zaanstraat ontspoorden in de vroege ochtend van 19 juni 1982 de laatste drie rijtuigen van een Benelux trek-duwtrein. Ter hoogte van de Singelgracht kwam de trein tot stilstand, waarna bleek dat de Plan W rijtuigen 21 475, 21 458 en de stuurstand WRD 87 107 geheel naast het spoor stonden en tevens de bovenleiding hadden stukgetrokken. Hersporing geschiedde, in de stromende regen, door de ongevallenploeg Amsterdam met assistentie van de ongevallenkraan uit Utrecht.

In de stromende regen zijn de NS-hersporingsmedewerkers bezig het stuurstandrijtuig WRD-87 107 los te koppelen van de overige ontspoorde rijtuigen. Amsterdam-Zaanstraat, 19 juni 1982. (foto Rob van Ee)

Met assistentie van de Utrechtse ongevallenkraan worden de PlanW rijtuigen 21 475+458 weer op het spoor geplaatst. Amsterdam-Zaanstraat, 19 juni 1982. (foto Rob van Ee)

Overzicht van de ontspoorde rijtuigen van de Benelux trek-duwtrein ter hoogte van de lijnwerkplaats. Amsterdam-Zaanstraat, 19 juni 1982. (foto Dirk Kruijt)

TREIN CONTRA TRAM IN DEN HAAG

(foto's collectie Rob & Marcel van Ee)

Op 7 juli 1982 kwam een rangeerdeel, bestaande uit DEloc 2228 met een platte wagen die daarop de fonkelnieuwe HTM geledetram 3046 vervoerde, op het Haagse Hobbemaplein op een trein/tram kruising in botsing met een geledetram van lijn 6. De tram ontspoorde en werd zwaar beschadigd terwijl twee passagiers licht gewond raakten.

DIESELLOCOMOTIEF IN ABCOUDE TOTAL LOSS

In de vooravond van 17 september 1982 reed DEloc 2287 met te hoge snelheid door de wisselstraat nabij het station Abcoude. De locomotief ontspoorde en kantelde waarbij een dwarsligger zich in de onderzijde van de cabine drong. De opruimingswerkzaamheden duurden de gehele avond en nacht. De locomotief werd daags na het ongeval op het kopspoor van het station Abcoude geplaatst, waarna 2287 op 20 september terzijde werd gesteld op het emplacement van de Watergraafsmeer. De loc werd niet meer hersteld en ging medio december 1982 naar de Wph Tilburg om begin maart 1983 te worden gesloopt.

(foto Rob van Ee)

MOTORPOSTTREIN BOTST MET HOOIWAGEN BIJ HULTEN

Op 27 september 1982 botste op een overweg bij Hulten mP 3031 op een trekker met hooiwagen en raakte daarbij defect en beschadigd. Met behulp van DEloc 2525 en de ongevallenwagen uit Eindhoven werd de trein naar het postperron van Tilburg gesleept om de poststukken met spoed over te laden. De beschadigde mP 3031 werd later naar Haarlem overgebracht voor herstel. Wegens het grote aantal te herstellen materieel in de Wph aldaar ging de motorposttrekker op 15 oktober 1982 voor herstel naar de Wph in Tilburg.

(foto Rob van Ee)

STOPTREIN BOTST OP NORD-WEST EXPRES BIJ SCHIEDAM

Een ernstig ongeval deed zich voor op 27 december 1982 toen een stoptrein ter hoogte van de Rotterdamse wijk Spangen op de Nord-West Expres botste die vanuit de richting Utrecht kwam. Rond 10.25 uur kwam stoptrein 5037 Leiden-Rotterdam CS nagenoeg frontaal in botsing met Eloc 1220 die met D-trein 236 vanuit Kopenhagen naar Hoek van Holland onderweg was. De stoptrein, die een stoptonend sein had gemist, boorde zich met ongeveer 90 km/h in de juist door de wisselstraat rijdende Eloc die met een verwoestende kracht het ABk-rijtuig 959 volledig vernielde. In dit gedeelte van de trein vielen 3 doden, waaronder de machinist, en het merendeel van de 32 gewonden. Eloc 1220 werd naar links geworpen en kwam met het verwoestte ABk-rijtuig 959 op het dak tot stilstand, tevens ontspoorde van de D-trein een DSB-rijtuig dat werd beschadigd. Van de stoptrein, bestaande uit ELP2+2 959+803, werden eveneens de BPk 959 en BPk 803 ernstig beschadigd aangezien de treinstellen als gevolg van de zware klap door de koppelingen heen op elkaar botsten. De opruimings- en bergingswerkzaamheden van het materieel werden uitgevoerd door de ongevallenploegen van Rotterdam-Feijenoord en Utrecht. De ABk 959 werd daags na het ongeval ter plaatse gesloopt door de firma Koek uit Mijdrecht. Het BPk-rijtuig 959 en Eloc 1220 werden door DEloc 2246 naar het emplacement van het VAM-overlaadstation te Schiedam gesleept om aldaar van andere draaistellen te worden voorzien. ELP2 803 ging rechtstreeks naar de Wph in Haarlem. Zowel ELP2 803 als Eloc 1220 werden weer hersteld, echter BPk 959 bleef ruim vier jaar op reserve in Haarlem maar ging uiteindelijk achter DEloc 2413 op 13 mei 1987 naar de sloperij Hollandia in de Amsterdamse Westhaven.

Total loss ligt het ABk-rijtuig 959 van de stoptrein 5037 boven op de ontspoorde Eloc 1220 van de Nord-West Expres na een frontale botsing ter hoogte van de Rotterdamse woonwijk Spangen op 27 december 1982. (foto collectie Rob & Marcel van Ee)

Eloc 1220 temidden van de ravage met aan de linkerzijde het half gekantelde DSB-rijtuig van de Nord-West Expres. Rotterdam-Spangen, 27 december 1982. (foto Rob van Ee)

Het ABk-rijtuig 959 van de stoptrein Leiden-Rotterdam CS werd op 27 december 1982 nagenoeg geheel verwoest. (foto collectie Rob & Marcel van Ee)

Zij-aanzicht van de frontale botsing bij Rotterdam-Spangen tussen de Nord-West Expres en de stoptrein Leiden-Rotterdam CS op 27 december 1982. (foto's Rob van Ee)

Als gevolg van de botsing bij Rotterdam-Spangen werden de treinstellen ELP2 959+803 van de stoptrein Leiden-Rotterdam CS tegen elkaar gedrukt waardoor de BPk-rijtuigen 959 en 803 ernstig beschadigd raakten. (foto Rob van Ee)

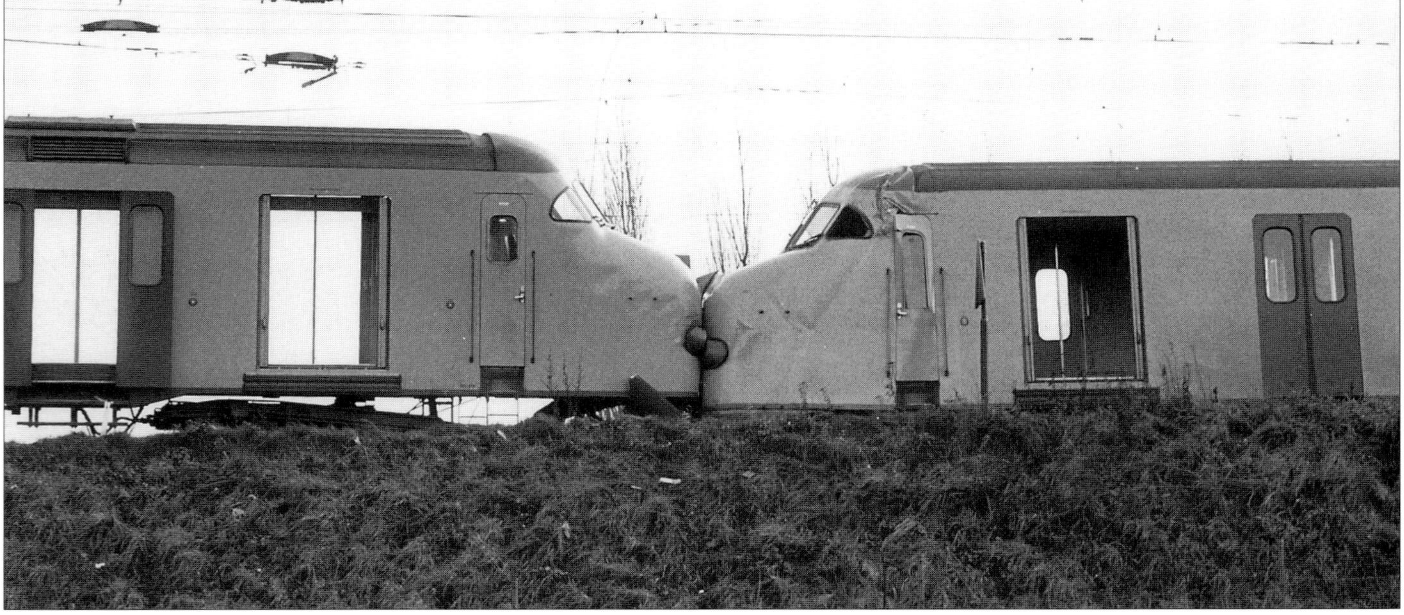

ELOC 1625 DOOR BRAND GEBLAKERD BIJ EEFDE

Op een met knipperlichten beveiligde overweg bij Eefde botste op 5 maart 1983 om 09.40 uur de sneltrein Zutphen-Deventer met Eloc 1625 op een personenauto, waarbij de bestuurder werd gedood. De auto vloog in brand en tevens liep de locomotief flinke rook- en brandschade op. In de middag werd de trein terug gesleept naar het emplacement van Zutphen.

DELOC 2512 BUITEN DIENST IN TILBURG

Als gevolg van een botsing met een goederenwagon in het Rotterdamse Botlekgebied werd begin september 1983 DEloc 2512 zwaar beschadigd en afgevoerd naar de Wph in Tilburg. De loc ging op 21 maart 1986 met 5 soortgenoten naar de sloper in Mijdrecht. Tilburg, 24 september 1983.

(foto's Rob van Ee)

ONTSPOORDE ELOC 1634 VERWOEST SPOORWONING IN HEEZE

Ter hoogte van het voormalig station Oud-Heeze ontspoorde op 31 oktober 1983 de CTO-meettrein getrokken door Eloc 1634 als gevolg van een te hoge snelheid op een overloopwissel. De loc reed door de moestuin, waar op 14 mei 1978 na een ontsporing treinstel EL2 420 in terecht kwam, en kantelde in een voormalige overwegwachterswoning die werd verpletterd. De bewoonster werd gedood terwijl haar dochter en de machinist van de meettrein gewond raakten. De ravage was enorm, de zwaar beschadigde loc lag boven op de restanten van het huis. Tevens ontspoorde het eerste rijtuig PlanE 29 374 en raakte zwaar beschadigd. Het CTO-rijtuig Plan D 978 1 005 kwam met een draaistel naast het spoor te staan en raakte tamelijk beschadigd. Het derde rijtuig PlanE 29 354 bleef vrij van schade in het spoor. Na de hersporings- en bergingsaktiviteiten werden Eloc 1634 en PlanE 29 374 door de ongevallenploegen van Eindhoven en Utrecht op een zijspoor geplaatst nabij de losweg van het voormalig station Heeze. Op 3 november 1983 werd de locomotief met behulp van de Eindhovense en een particuliere kraan op andere draaistellen gezet en overgebracht naar de Wph in Tilburg. De locomotief werd aldaar in eigen beheer geheel herbouwd.

Temidden van de restanten van het totaal verwoestte woonhuis in Heeze ligt de ontspoorde locomotief 1634 met op de achtergrond het CTO-meetrijtuig. 31 oktober 1983. (foto Rob van Ee)

Links de gedeeltelijk ontspoorde CTO-meettrein met schade aan het PlanE rijtuig 29 374 en rechts de gekantelde Eloc 1634. Heeze, 31 oktober 1983. (foto Rob van Ee)

NS-hersporingsmedewerkers bekijken hoe locomotief 1634, na de ontsporing in Heeze op 31 oktober 1983, vanuit de spoorberm kan worden geborgen. (foto Rob van Ee)

De ongevallenploegen van Eindhoven en Utrecht in aktie tijdens het hersporen van de rijtuigen van de CTO-meettrein in Heeze. Voor het wegslepen van de herspoorde rijtuigen heeft men inmiddels DEloc 2275 aan de trein gekoppeld. 31 oktober 1983. (foto Rob van Ee)

Nadat het CTO-meetrijtuig is herspoord, wordt het behoedzaam langs de gekantelde Eloc 1634 weggesleept. Heeze, 31 oktober 1983. (foto Rob van Ee)

Onderzijde van de gekantelde locomotief 1634 na de ontsporing in Heeze op 31 oktober 1983. (foto Rob van Ee)

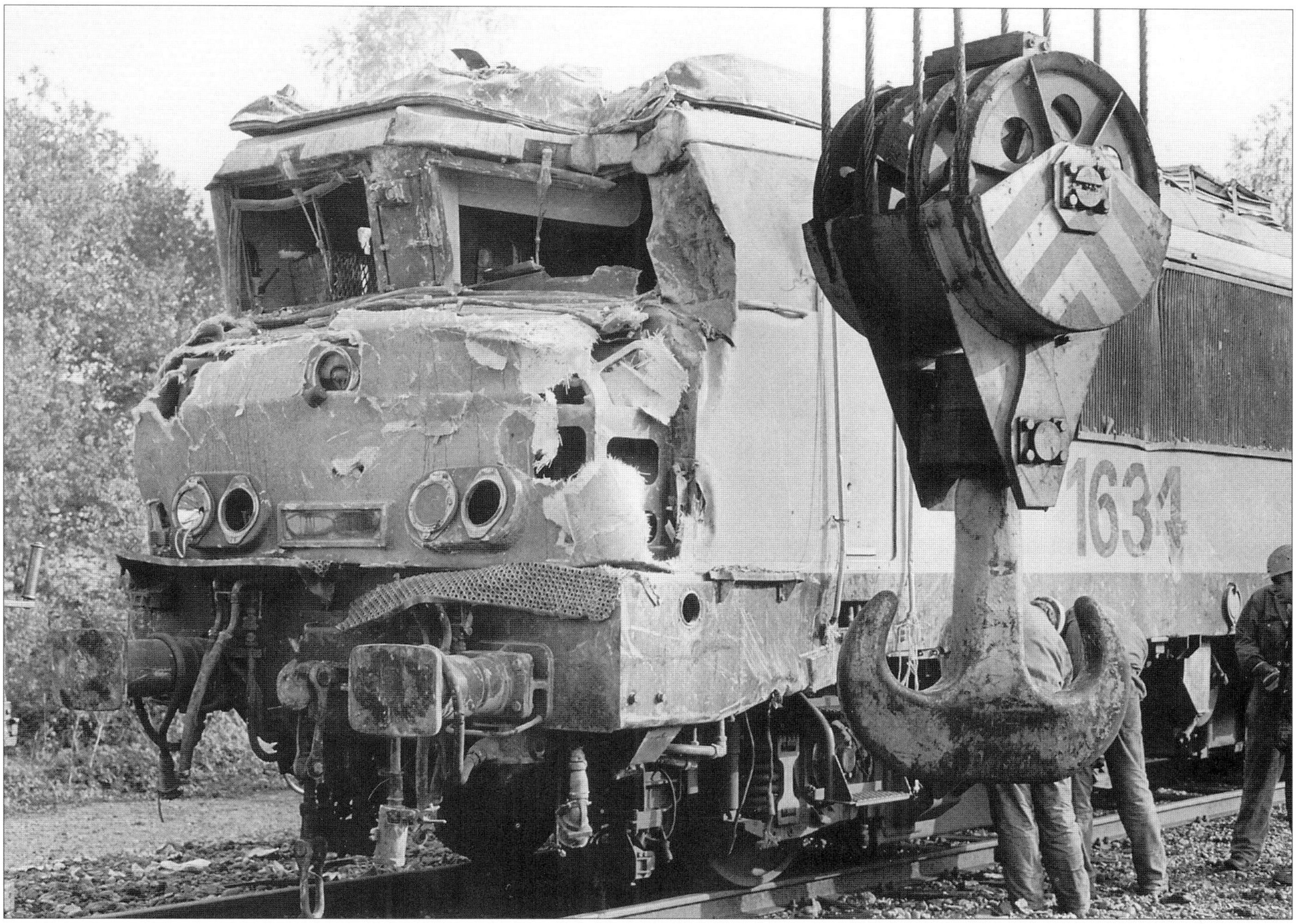

Op 3 november 1983 wordt de locomotief in Heeze gereed gemaakt voor transport naar de Wph Tilburg. (foto Rob van Ee)

Met twee kranen, waaronder de NS-ongevallenkraan uit Eindhoven, wordt locomotief 1634 omhooggetakeld en op twee andere draaistellen geplaatst. Heeze, 3 november 1983. (foto Rob van Ee)

UITSLAANDE BRAND IN PLAN T ONDER KAP VAN AMSTERDAM CS

Onder de kap van het Amsterdamse Centraal Station ontstond op 24 november 1983 als gevolg van brandstichting een uitslaande brand in ELD4 529, die als trein 4525 gereed stond voor vertrek naar Enkhuizen. Nadat de brand was geblust werd het treinstel naar het Bovendok gesleept waar bleek dat het AB-rijtuig en een deel van het BD-rijtuig uitgebrand waren. Na langdurig herstel in de Wph Haarlem kwam het treinstel weer als nieuw op de baan.

Na de brand staat treinstel ELD4 529 voor inspectie door de technische recherche op het Amsterdamse Bovendok. 24 november 1983. (foto Rob van Ee)

STOPTREIN RIJDT TALUD AF BIJ IJSSELBRUG

Op een bewaakte overweg nabij de IJsselbrug bij Hattem botste op 10 december 1983 stoptrein 5633, Utrecht-Zwolle, op een personenauto. Het treinstel ELP2 897 ontspoorde met drie truckstellen waarbij het ABk-rijtuig in een hoek van 90 graden het talud afschoof en in de uiterwaarden van de IJssel belandde. De bestuurder van de auto werd gedood terwijl alle passagiers van de trein met de schrik vrij kwamen. De berging van het treinstel werd verricht door de ongevallenkraan uit Utrecht en een particuliere kraan die echter door een fout in de communicatie tussen beide kranen tijdens het lichten van het treinstel boven op de cabine van de ABk viel en deze zwaar beschadigde. Met behulp van een 100 tons kraan werd daags na het ongeval zowel de gekantelde kraan als het ABk-rijtuig geborgen en evenals het BPk-rijtuig afgevoerd naar het emplacement van Zwolle.

Brandweerlieden bekijken de situatie rond treinstel ELP2 897 waarvan het geschaarde ABk-rijtuig van het talud is gereden. IJsselbrug bij Hattem, 10 december 1983. (foto Rob van Ee)

ABk-rijtuig 897, gezien vanaf de spoorbaan, ligt samen met een gekantelde kraanwagen in de uiterwaarden van de IJssel bij Hattem. 11 december 1983. (foto Marcel van Ee)

Als gevolg van een communicatiefout tijdens de takelwerkzaamheden van het ABk-rijtuig 897 kantelde een mobiele kraan en sloeg met zijn giek een gat in het dak van de cabine. 11 december 1983. (foto Henry van der Hoven)

BOTSING TUSSEN TWEE VAM-TREINEN BIJ WIJSTER

Ter hoogte van het Drentse Wijster kwamen op 15 maart 1984 in een wisselstraat van het aansluitspoor naar het afvalverwerkingsbedrijf VAM twee treinen zijdelings met elkaar in botsing. DEloc 2442 schampte twee vuilonderlossers die ontspoorden. De hersporing geschiedde door de ongevallenploeg van Zwolle die de zwaar beschadigde loc naar de lijnwerkplaats Zwolle sleepte waarna deze op 29 maart 1984 gesleept dcor DEloc 2490 naar de Wph Tilburg ging. De schade werd niet meer hersteld en DEloc 2442 kwam op 16 juli 1985 bij de sloper in Mijdrecht aan.

Twee ontspoorde vuilonderlossers staan met de zwaar beschadigde diesellocomotief 2442 in de wisselstraat ter hoogte van Wijster. 15 maart 1984. (foto Dirk Kruijt)

Met behulp van een mobiele kraan werden de vuilonderlossers en diesellocomotief 2442 weer op het spoor gezet. Wijster, 15 maart 1984 (foto Dirk Kruijt)

LAATSTE BLAUWE 1300 DEFECT BIJ HOEK VAN HOLLAND

In Hoek van Holland strandde op 25 maart 1984 de laatste blauwe locomotief uit de serie 1300 met warmgelopen steunlagers. Als gevolg hiervan was Eloc 1310 niet meer rijvaardig en moest ter plaatse van andere draaistellen worden voorzien, die vanuit de Wph Tilburg op twee platte wagens werden aangevoerd. Aangezien Eloc 1310 geheel moest worden gelicht werden zowel de ongevallenkraan uit Utrecht als die van Eindhoven op 27 maart 1984 naar Hoek van Holland overgebracht. Om ervaring op te doen bij soortgelijke omvangrijke takelwerkzaamheden werden enkele aspirant NS hersporingsmedewerkers ingezet. Nadat de locomotief op andere draaistellen was gezet werd de blauwe Eloc 1310 afgevoerd naar de Wph Tilburg om op 5 december 1984 geheel gereviseerd en in de NS-huisstijl kleuren weer op de baan te komen.

Bij de takelwerkzaamheden van locomotief 1310 werden in Hoek van Holland op 27 maart 1984 de beide NS-ongevallenkranen ingezet. Links de Eindhovense kraan nr. 481 terwijl de Utrechtse kraan nr. 482 nadrukkelijk in beeld is. (foto Rob van Ee)

Langzaam wordt de bak van locomotief 1310 van zijn draaistellen gelicht. Hoek van Holland, 27 maart 1984. (foto Rob van Ee)

In afwachting van een ander draaistel hangt locomotief 1310 er hulpeloos bij. Hoek van Holland, 27 maart 1984. (foto Rob van Ee)

HONDEKOP-VIER IN HOORN ONTSPOORD

In de ochtend van 12 september 1984 vertrok leeg materieeltrein 80207, bestaande uit ELD4+4 1744+ 1766, van het Hoornse opstelterrein in de richting van Enkhuizen. Als gevolg van een foutieve wisselstand reden de B+BDk 1766 over het naar links leidende spoor voor de richting Medemblik. Ter hoogte van de werkplaats van de Stoomtram Hoorn-Medemblik zwenkte het laatste truckstel onder de BDk in een Engels wissel weer naar het juiste spoor. Doordat de trein aldus geschaard nog ruim honderd meter zijn weg vervolgde werd een bovenleidingportaal vernield, waardoor de bovenleidingspanning wegsloeg en de trein tot stilstand kwam. De ravage was aanzienlijk, de treindienst naar Hoorn-Kersenboogerd alsmede de stoomtram naar Medemblik waren de gehele dag gestremd. Treinstel ELD4 1744 werd door DEloc 2216, die met de Amsterdamse ongevallenwagen ter plaatse was, uit het stroomloze gebied gesleept en verzorgde de gehele dag een pendeldienst van Hoorn-Kersenboogerd naar Enkhuizen v.v. Later op de dag werden van treinstel ELD4 1766 resp. de BDk, B en A+Bk herspoord en door DEloc 2216 naar het opstelterrein terug gesleept. Op 16 september 1984 werd het beschadigde treinstel op eigen kracht overgebracht naar de Wph in Haarlem en aldaar hersteld. Sedert 7 februari 1996 is het treinstel eigendom van de Stichting Mat'54 Hondekop-Vier en wordt thans verhuurd voor gezelschapsritten.

NS-medewerkers bekijken op 12 september 1984 de situatie in Hoorn rondom het op twee sporen gelopen BDk-rijtuig 1766. (foto Rob van Ee)

Als gevolg van het op twee sporen lopen reed B-rijtuig 1766 een bovenleidingmast uit de grond en raakte aanzienlijk beschadigd. Hoorn, 12 september 1984. (foto Rob van Ee)

De ontsporing van treinstel ELD4 1766 op 12 september 1984 gezien in de richting van het station Hoorn. (foto Rob van Ee)

Het ontspoorde treinstel ELD4 1766 met links de hoofdsporen van het elektrische baanvak naar Enkhuizen terwijl rechts het spoor van de stoomtram naar Medemblik te zien is, waar abusievelijk de B+BDk-rijtuigen op terecht kwamen. 12 september 1984. (foto Rob van Ee)

Nadat BDk-rijtuig 1766 van de overige rijtuigen is losgekoppeld wordt het langzaam door DEloc 2216 over twee sporen teruggesleept naar het opstelterrein van Hoorn. 12 september 1984. (foto Rob van Ee)

Tijdens de opruimings- en herstelwerkzaamheden rond de ontsporing in Hoorn werd divers materieel ingezet. 12 september 1984. (foto Marcel van Ee)

STOOMLOCOMOTIEF RAAKT SPOOR BIJSTER

Tijdens de Rotterdamse Open Havendag van 29 september 1984 werden door de Stoom Stichting Nederland een tweetal slagen van Rotterdam -Stadion naar de Europoort v.v. gereden. Voor de poort van North Sea Ferries in het Europoortgebied wipte stoomlocomotief 65 018 met haar voorste as uit het straatspoor. Geassisteerd door een N.S.F. bedrijfsvoertuig en met enig vijzelwerk werd de loc weer op de rails gezet.

Met verbazing kijken enkele SSN-medewerkers naar de voorste as van SSN stoomlocomotief 65 018, die zojuist uit het straatspoor is gewipt. Europoort, 29 september 1984. (foto Rob van Ee)

Onder het oog van diverse fotografen wordt met vereende krachten getracht de locomotief weer op het spoor te krijgen. Europoort, 29 september 1984. (foto Marcel van Ee)

DIESELLOCOMOTIEVEN BOTSEN OP GOEDERENTREIN IN ARNHEM

Op 14 november 1984 botste in Arnhem een driespan diesellocomotieven achter op de stilstaande goederentrein 281611. DEloc 2288 raakte hierbij zwaar beschadigd evenals het achterste rijtuig van de goederentrein. Dit PlanE-rijtuig 18 244 ontspoorde met een draaistel en werd na hersporing door de ongevallenkraan uit Utrecht ter onttakeling afgevoerd naar de werkplaats in Roosendaal. Op 21 maart 1985 ging het rijtuig naar de sloper in Mijdrecht. De zware schade aan DEloc 2288 werd ook niet meer hersteld en de locomotief ging op 17 september 1985 naar de sloper.

Daags na de botsing in Arnhem takelt de Utrechtse ongevallenkraan het beschadigde PlanE rijtuig 18 244 weer op het spoor. (foto Carel van Gestel)
In afwachting van vervoer naar de Wph Tilburg staat op 15 november 1984 diesellocomotief 2288 met ingedrukte motorhuif op het opstelterrein Arnhem-Berg. (foto Carel van Gestel)

STOPTREIN ONTSPOORD OP BIELS BIJ ROTTERDAM

Op 4 februari 1985 reed ter hoogte van de Rotterdamse Diergaarde Blijdorp stoptrein 29764 van Arnhem naar Rotterdam op een aantal biels. Als gevolg hiervan ontspoorde van treinstel ELP2 956 het BPk-rijtuig en ramde zijdelings een bovenleidingsmast.

(foto collectie Rob & Marcel van Ee)

WADLOPER BOTST OP GOEDERENTREIN BIJ UITHUIZERMEEDEN

Bij het station Uithuizermeeden botste op 21 mei 1985 stoptrein 8736, Roodeschool-Groningen, bijna frontaal op goederentrein 770521 die onderweg was naar de Eemshaven. De stoptrein DH2 3231, die juist het station had verlaten, botste ter hoogte van het wissel voor het enkelsporige baanvak naar Uithuizen op DEloc 2467 die met lege ketelwagens richting Eemshaven reed. Door de klap werd de stoptrein zo'n dertig meter teruggeduwd waarbij zowel de loc als het dieseltreinstel met een truckstel naast het spoor kwamen te staan. Voor de hersporing werd de ongevallenwagen met DEloc 2458 uit Groningen ingezet, die ook voor afvoer van het beschadigde materieel zorgde. Zowel DH2 3231 als DEloc 2467 werden in de Wph Tilburg hersteld.

Bij de frontale botsing in Uithuizermeeden werd het Bz-rijtuig 3231 ernstig beschadigd, rechts diesellocomotief 2467 die met lege ketelwagens richting Eemshaven reed. 21 mei 1985. (foto collectie Rob & Marcel van Ee)

Het zwaar beschadigde Bz-rijtuig 3231 met op de achtergrond DEloc 2458 die met de Groningse ongevallenwagen assistentie verleent. 21 mei 1985. (foto Nico Lollinga)

Diesellocomotief 2467 heeft bij de frontale botsing in Uithuizermeeden ernstige schade opgelopen, rechts Wadloper 3231 naar Groningen. 21 mei 1985. (foto Nico Lollinga)

OLIETREIN UIT DE RAILS BIJ PAPEKOP

Op 29 mei 1985 ontspoorden rond 14.15 uur op het baanvak Woerden-Gouda nabij Papekop de laatste vier ketelwagens van olietrein 56521. De trein vervoerde 26 ketelwagens met ruwe olie en was onderweg van Schoonebeek naar Pernis. Als gevolg van de ontsporing kantelden de ketelwagens naar rechts en kwamen naast het spoor in het talud terecht, waarbij een wagon lek raakte. Om te voorkomen dat de ruwe olie wegvloeide in het polderlandschap werd onmiddellijk begonnen met het afdichten van het lek en moest de verontreinigde grond worden afgegraven. De ruwe olie in de verongelukte ketelwagens werd overgepompt in tankwagens. Aangezien het spoor over zo'n honderd meter werd vernield kon de Utrechtse ongevallenkraan niet worden ingezet. Voor berging van de 28 ton zware ketelwagens werd een beroep gedaan op particuliere kranen.
Het opruimen van de ravage en het herstellen van het spoor en bovenleiding duurde tot in de middag van 31 mei 1985.

(foto's Paul Loman)

RAVAGE NA BOTSING VRACHTWAGEN MET OPLEGGER NABIJ RHENEN

Op een met knipperlichten beveiligde overweg in Achterberg reed op 28 juni 1985 stoptrein 5930, Rhenen-Veenendaal, een vrachtwagen met oplegger aan, waarvan de chauffeur tijdig uit zijn cabine was gesprongen. De trekker van de oplegger werd geheel vermorzeld onder het ABDk-rijtuig 393 en vloog tevens in brand. Het zwaar gehavende ABDk-rijtuig ontspoorde met twee truckstellen en beschadigde een bovenleidingmast. Door de klap tegen de bovenleidingmast werd tevens een gat in de zijwand van het Bk-rijtuig geslagen. In de trein raakten twee passagiers licht gewond, de machinist die de botsing zag aankomen vluchtte tijdig uit zijn cabine naar achteren om de passagiers te waarschuwen. De bergings- en hersporingswerkzaamheden werden met behulp van de Eindhovense ongevallenkraan met DEloc 2429 uitgevoerd. Treinstel ELD2 393 werd opgeknapt in de Wph Haarlem en op 6 november 1986 afgeleverd.

De cabine van de vrachtwagen, die door de chauffeur tijdig was verlaten, werd door het ABDk-rijtuig 393 geheel vermorzeld. Achterberg, 28 juni 1985. (foto Rob van Ee)

Als gevolg van de botsing met een bovenleidingmast werd ook het Bk-rijtuig 393 beschadigd. Op de achtergrond bergt de Eindhovense hersporingsploeg met ongevallenkraan nr. 481 het wrak van de vrachtwagen. Achterberg, 28 juni 1985. (foto Rob van Ee)

Door de overwegbotsing met treinstel ELD2 393 bij Achterberg was op 28 juni 1985 het enkelsporige baanvak Rhenen-Veenendaal de gehele dag gestremd. (foto Rob van Ee)

Met snijbranders wordt het wrak van de vrachtwagen onder het ABDk-rijtuig 393 weggesneden, waarna het draaistel kan worden herspoord. Achterberg, 28 juni 1985. (foto Rob van Ee)

ICM 4004 BOTST TIJDENS PROEFRIT BIJ LISSE OP VRACHTWAGEN

Treinstel ICM 4004, uit de proefserie ICM-0, werd na een grondige revisie en diverse aanpassingen gelijk aan de vervolgserie ICM-1 op 30 augustus 1985 door de Wph in Haarlem afgeleverd. Het treinstel vertrok uit Haarlem om via de Oude Lijn naar Eindhoven te rijden in verband met snelheidsproeven op het baanvak Deurne-Horst-Sevenum v.v. Echter, op een met knipperlichten beveiligde overweg nabij Lisse reed het stel tegen een vrachtwagen. De deuren van de nieuwe doorloopkop van het mBk-rijtuig werden ingedrukt en de zijwand werd opengereten. Het voorste truckstel ontspoorde en vernielde zo'n 200 meter spoor. Er deden zich geen persoonlijke ongelukken voor. Na hersporing werd het treinstel terug gesleept naar de Wph in Haarlem.

In afwachting van schadeherstel staat intercitytreinstel 4004 op het terrein van de Wph Haarlem. 7 september 1985. (foto Rob van Ee)

DIESELLOCOMOTIEF RIJDT IN OP RANGEERDEEL

In de Amsterdamse Westhaven kwam op 24 oktober 1985 diesellocomotief 2206, die met een goederentrein het emplacement aan de Westhavenweg op reed, in botsing met een aantal stilstaande goederenwagens. Door de klap kwamen twee wagens boven op elkaar te staan en werd de cabine van DEloc 2206 geheel ingedrukt.
De machinist kwam met de schrik vrij. Gezien de aard van de schade werd de locomotief afgevoerd voor sloop.

DEloc 2206 werd na de botsing niet meer hersteld, echter tijdens een open dag in de Wph Tilburg op 6 september 1986 werd de loc nog voor enkele takel- & hersporingsdemonstraties gebruikt. Op 25 oktober 1986 werd DEloc 2206 in de Wph Tilburg gesloopt. (foto Marcel van Ee)

DUBBELDEKKER BOTST OP AUTO BIJ LIMMEN

Op 1 mei 1986 was voor het eerst een dubbeldekstrein betrokken bij een overwegbotsing. Rond 18.00 uur reed trein 2769, geduwd door Eloc 1616, op een met knipperlichten beveiligde overweg in het Noord-Hollandse Limmen een personenauto aan waarvan de bestuurder de botsing niet overleefde. Door de klap wipte het voorste truckstel van stuurstandrijtuig Bvk 26 103 uit de rails en schoof zo'n 300 meter door de ballast. Als gevolg van opspattend grind werden een aantal ruiten van twee rijtuigen vernield. De hersporing van het stuurstandrijtuig geschiedde met behulp van de Amsterdamse ongevallenploeg, die met de hersporingswagen getrokken door DEloc 2216 ter plaatse kwam. Het treinverkeer werd de volgende ochtend om 6.50 uur weer hervat.

Door de ontsporing van trein 2769 in Limmen was op 1 mei 1986 het baanvak Uitgeest-Alkmaar v.v. de gehele avond en nacht versperd. (foto Rob van Ee)

Eloc 1616 heeft zojuist het niet ontspoorde gedeelte van de dubbeldekstrein een tiental meters teruggetrokken om ruimte te maken voor de hersporingswagen uit Amsterdam. Limmen, 1 mei 1986. (foto Rob van Ee)

Na de overwegbotsing in Limmen ontspoorde op 1 mei 1986 het Bvk-rijtuig 26 103 en is inmiddels door de hersporingsmedewerkers van Amsterdam ontkoppeld van de overige rijtuigen. (foto Rob van Ee)

Als gevolg van de botsing met een personenauto is het Bvk-rijtuig 26 103 links voor licht beschadigd, echter door de ontsporing is de schade vele malen groter. Limmen, 1 mei 1986. (foto Marcel van Ee)

Tot diep in de nacht was de hersporingsploeg uit Amsterdam bezig om het stuurstandrijtuig weer op de rails te vijzelen. Limmen, 1 mei 1986. (foto Rob van Ee)

STOPTREINEN BOTSEN BIJ BRUMMEN

Op 24 juni 1986 botste nabij Brummen treinstel ELD2 339 achter op het stilstaande treinstel ELD2 391. Ondanks de geringe snelheid van de trein raakten het ABDk-rijtuig 339 en Bk-rijtuig 391 aanzienlijk beschadigd. Beide treinstellen werden echter weer hersteld.

Treinstel ELD2 391 staat met schade aan het Bk-rijtuig op een zijspoor in Dieren in afwachting van transport naar de Wph Haarlem. 24 juni 1986. (foto Marcel van Ee)

Na de botsing bij Brummen werd treinstel ELD2 339 met schade aan het ABDk-rijtuig terug gesleept naar Zutphen. 24 juni 1986. (foto Marcel van Ee)

FRONTALE BOTSING TUSSEN GOEDERENTREINEN IN BOTLEK

Bij een frontale botsing tussen een goederentrein en een rangeerdeel op het emplacement Botlek is op 5 juni 1986 een machinist om het leven gekomen. Door de botsing werd DEloc 2408, een ketel- en een containerwagen totaal vernield en in afwachting van sloop naast het spoor geplaatst. Van het rangeerdeel raakte radio-loc 2265 zo ernstig beschadigd dat de locomotief niet meer werd hersteld. Op 13 juni 1986 werd de loc naar de Wph Tilburg overgebracht en op 10 november 1986 gesloopt.

Na het ongeval in de Botlek lagen de restanten van DEloc 2408 met een ketel- en containerwagen nog naast het spoor in afwachting van de sloper. Botlek, 9 juni 1986. (foto Egbert van Werkhoven)

De zwaar beschadigde radio-loc 2265 staat na de botsing in de Botlek in de Wph Tilburg terzijde. Op 10 november 1986 werd de locomotief gesloopt. 6 september 1986. (foto Marcel van Ee)
Het wrak van diesellocomotief 2408 na de frontale botsing met radio-loc 2265 in het Botlekgebied. 9 juni 1986. (foto Egbert van Werkhoven)

ONTSPORING KALKTREIN IN HEEZE

In de vroege ochtend van 8 oktober 1986 ontspoorde op een naar linksleidend wissel te Oud-Heeze goederentrein 49509. De trein, een lege kalktrein van Beverwijk Hoogovens naar Vise in België, was samengesteld uit de Elocs 1141+1309+1642 en 33 lege wagens. Als gevolg van een te hoge snelheid van de trein op het overloopwissel ontspoorde de vooroprijdende Eloc 1141. De locomotief rukte zich los van de trein, maakte een draai van 180 graden, rolde een keer over zijn lengte-as en schoof daarna circa 30 meter door een bietenveldje om total loss in een greppel tot stilstand te komen. De machinist werd hierbij licht gewond. De eveneens ontspoorde Eloc 1309 schoof met de kalktrein nog circa 300 meter door waarna ook deze locomotief zich 180 graden draaide om tenslotte met zware schade aan de zijwand tegen Eloc 1642 tot stilstand te komen. Naast drie door midden gereden bovenleidingsportalen vernielde Eloc 1309 ook nog een Ahob-installatie alsmede een schakelkast van het Seinwezen. Door de kracht waarmee Eloc 1309 tegen Eloc 1642 reed ontspoorde ook deze locomotief en kwam met twee kalkwagens langs het spoor te staan. De Eindhovense hersporingsploeg had rond 11.00 uur de kalkwagens weer in het spoor waarna zij werden afgevoerd naar het station van Geldrop. Met behulp van een particuliere 280-tons mobiele kraan werden de locomotieven 1309 en 1642 in de loop van de dag en avond weer herspoord. De afvoer naar de Wph Tilburg geschiedde in de nacht van 10 op 11 oktober. Eloc 1141 werd in de week van 14 oktober ter plaatse gesloopt door werknemers van sloperij Koek uit Mijdrecht.

Total loss kwam de vooroprijdende Eloc 1141 van de ontspoorde kalktrein 49509 in een bietenveldje terecht. Op de voorgrond enkele vernielde broeikasjes. Heeze, 8 oktober 1986. (foto Rob van Ee)

De locomotieven 1309 en 1642, resp. de tweede en derde trekkracht van de ontspoorde kalktrein 49509, kwamen 300 meter na de ontsporing van de eerste loc zijdelings tegen elkaar en dwars over de sporen tot stilstand. Heeze, 8 oktober 1986. (foto Rob van Ee)

Doordat locomotief 1141 zowel om haar as als over de kop was geschoven, bleek de loc aan alle kanten schade te hebben opgelopen. Heeze, 8 oktober 1986. (foto Rob van Ee)

Een overzicht van de ontsporing bij Heeze, waarbij de locomotieven 1642 en 1309 dwars over de sporen staan. Ter assistentie is rechts de Eindhovense ongevallenwagen met DEloc 2456 gearriveerd. 8 oktober 1986. (foto Rob van Ee)

Eloc 1309 heeft een spoor van vernieling achtergelaten en staat temidden van afgebroken bovenleidingmasten, vernielde spoorstaven en een omvergereden seinpaal. Heeze, 8 oktober 1986. (foto Rob van Ee)

Ontsporing bij Heeze in vogelvlucht; ter rechterzijde heeft men zojuist een 280-tons mobiele kraan geplaatst die voor berging van de locomotieven zal zorgdragen. 8 oktober 1986. (foto Rob van Ee)

Langzaam wordt de 111 ton zware Eloc 1309 weggetakeld en op de rails geplaatst. In de loop van de avond werd ook Eloc 1642 herspoord. Heeze, 8 oktober 1986. (foto Rob van Ee)

Nadat Eloc 1141 door NS-medewerkers van de Wph Tilburg ter plaatse is onttakeld, wordt op 15 oktober 1986 de loc door sloperij Koek uit Mijdrecht gesloopt. (foto Marcel van Ee)

LOCOMOTIEF RIJDT DOOR STOOTJUK IN AMSTERDAM

Op 5 december 1986 reed de rangerende Eloc 1120 op het Amsterdamse Oostelijk Eiland door een stootjuk dat daardoor enige meters werd verplaatst. De locomotief ontspoorde met drie assen maar werd met behulp van de plaatselijke ongevallenploeg in de loop van de ochtend weer herspoord.

(foto Rob van Ee)

AUTO SLIPT OP GLADDE WEG IN EMMEN TEGEN STOPTREIN

Op een bewaakte overweg in Emmen kwam op 10 januari 1987 een auto in botsing met de stoptrein Zwolle-Emmen. De automobilist die met een te hoge snelheid de overweg naderde kon niet tijdig meer remmen, de auto slipte op het besneeuwde wegdek en gleed door de overwegboom tegen de juist passerende trein. Dieseltreinstel 144 raakte licht beschadigd maar moest wegens luchtlekkage uit de dienst worden genomen. De auto was total loss terwijl de bestuurder licht gewond raakte.

(foto Marcel van Ee)

FRONTALE BOTSING GOEDERENTREINEN IN EUROPOORT

Bij een frontale botsing tussen twee goederentreinen op het raccordement van Kuwait Oil in het Rotterdamse Europoortgebied werden op 28 januari 1987 twee diesellocomotieven zwaar beschadigd. De cabines van DElocs 2281 en 2345 werden door de frontale botsing geknikt en als gevolg hiervan verklaarde men beide locomotieven total loss. Drie personen raakten gewond waaronder een van de machinisten, die bekneld kwam te zitten in zijn cabine terwijl de ander op tijd van de locomotief wist te springen. Wpl Feijenoord, 29 januari 1987.

(foto's Marcel van Ee)

DIENSTAUTO SEINWEZEN RIJDT VAN AMSTERDAMS PERRON

Grote hilariteit ontstond onder de reizigers die op 13 maart 1987 op het eerste perron van het Amsterdamse Centraal Station op de intercity naar Maastricht stonden te wachten. Een op het perron geparkeerd staand busje van NS-seinwezen zette zich spontaan in beweging en reed pardoes richting spoor 2b. Nadat het halverwege de perronwand was blijven steken probeerden ijlings toegesnelde NS-medewerkers het busje met handkracht terug te duwen, hetgeen mislukte. Met behulp van een heftruck werd het busje weer op zijn parkeerplaats gezet. De treindienst werd gedurende de stremming omgeleid en afgehandeld via spoor 8b.

(foto Rob van Ee)

LOCOMOTOR WIPT UIT HET SPOOR IN WESTELIJK HAVENGEBIED

In het Amsterdamse westelijk havengebied raakte op 20 augustus 1987 locomotor 292 met vier platte wagens in een scherpe boog ter hoogte van de Maltaweg het spoor bijster. De sik ontspoorde met een as en werd in de vooravond herspoord door de Amsterdamse ongevallenploeg.

(foto Dirk Kruijt)

ZIJDELINGSE AANRIJDING OP AMSTERDAMSE DIJKSGRACHT

Op het Amsterdamse opstelterrein Dijksgracht vond in de ochtend van 28 september 1987 een zijdelingse aanrijding plaats tussen twee locomotieven. Op een wissel aan de westzijde van het opstelterrein reed Eloc 1150 in op rangeerlocomotief 652 die daardoor ontspoorde, schaarde en haaks op de rangeersporen kwam te staan. Gedurende het hersporingswerkzaamheden was er geen treinverkeer mogelijk van en naar het opstelterrein Dijksgracht.
In de loop van de ochtend werd de rangeerlocomotief door de ongevallenploeg van Amsterdam weer in het spoor gezet en gingen beide locomotieven voor herstel naar de Wph in Tilburg.

(foto's Rob van Ee)

BIETENWAGENS BOTSEN OP LOCOMOTIEF BIJ HAELEN

Op het bietenoverlaadstation in het Limburgse Haelen botsten op 27 oktober 1987 een drietal op drift geraakte beladen bietenwagens op de stilstaande Eloc 1307 die daardoor met een as ontspoorde. Zowel de bietenwagens als de locomotief raakten ernstig beschadigd.

Op 29 oktober 1987 werd in Haelen de zwaar beschadigde locomotief 1307 gereedgemaakt voor transport naar de Wph Tilburg. (foto Richard de Leeuw)

DB-LOCOMOTIEF CONTRA NS-GRINDLOSSERS IN VENLO

Een harde confrontatie tussen twee spoorburen vond plaats op spoor 13 van het rangeeremplacement van Venlo. Op 30 november 1987 reed vanuit het Duitse Kaldenkirchen Eloc 140 258-5 met trein 40016 achter op een op drift geraakte werktrein bestaande uit beladen grindlossers. Als gevolg van de botsing ontspoorde de Duitse loc en een vijftal grindlossers, type Tds. Een grindlosser werd onherstelbaar beschadigd en ter plaatse gesloopt. De Duitse locomotief werd met een ingedrukte cabine afgevoerd naar Krefeld.

Na hersporing staat DB locomotief 140 258-5 op 2 december 1987 in Venlo gereed voor transport naar Krefeld. (foto Richard de Leeuw)

LOCOMOTIEF ONTSPOORD OP WISSEL IN ARNHEM

Op het opstelterrein van Arnhem-Berg ontspoorde in de vroege ochtend van 10 december 1987 Eloc 1137 in een wisselstraat. De locomotief kwam geheel naast het spoor te staan. De Utrechtse hersporingsploeg zorgde ervoor dat de onfortuinlijke loc in de namiddag weer in het spoor stond en met schade aan de wielbanden kon worden afgevoerd naar de Wph Tilburg.

(foto Rob van Ee)

MAT'54 DEFECT IN ROOSENDAAL

Als gevolg van een defect draaistel onder het B-rijtuig werd treinstel ELD4 1765 in Roosendaal uit de stopdienst Zwolle-Roosendaal gehaald en afgerangeerd naar de opstelsporen bij de werkplaats aldaar. Op 12 februari 1988 werden de rijtuigen gesplitst en met assistentie van de Eindhovense ongevallenkraan nr. 481 het defecte draaistel vervangen.

(foto Rob van Ee)

SPECTACULAIRE OVERWEGBOTSING BIJ DRIEBRUGGEN

Overzicht van de ontspoorde intercity 1730 bij Driebruggen op 30 maart 1988. Aan de achterzijde van de trein is inmiddels DEloc 2256 geplaatst om de niet ontspoorde rijtuigen naar Utrecht terug te slepen. (foto Rob van Ee)

Een overwegbotsing met spectaculaire gevolgen vond plaats op 30 maart 1988 op het baanvak Woerden-Gouda nabij Driebruggen. Trein 1730, bestaande uit ICM3 4006+4004, botste rond 11.00 uur op een personenwagen en ontspoorde met het sBk-rijtuig 4006. Na zo'n 500 meter door de ballast te zijn geschoven, schampte het rijtuig een bovenleidingmast, passeerde het bruggetje over de Kleine Wierik en zwenkte vervolgens op de betonplaten van twee overpaden naar rechts het talud van de spoorbaan af. Het sBk-rijtuig kwam met de zijkant tegen een bovenleidingsmast aan terwijl de voorzijde zich in een drassig weiland boorde. Het AB-rijtuig 4006 ontspoorde met drie assen en werd beschadigd door het scharen met de sBk- en mBk-rijtuigen. ICM3 4004 en mBk 4006 werden in de loop van de middag door DEloc 2256 naar Utrecht gesleept. Na hersporing door de Utrechtse ongevallenkraan werd het AB-rijtuig 4006 door DEloc 2318 naar Woerden afgevoerd. Nadat het sBk-rijtuig 4006 vrij van het spoor in het weiland was geplaatst, konden herstelwerkzaamheden aan de baan en bovenleiding worden uitgevoerd waarna in de middag van 31 maart 1988 de treindienst weer werd hervat. Van 's avonds 2 april tot in de middag van 3 april was wederom de treindienst gestremd om met behulp van de Utrechtse ongevallenkraan en een particuliere kraan, geïnstalleerd op een opgeworpen zandplaat, het sBk-rijtuig uit het weiland te bergen en weer op het spoor te zetten. DEloc 2256 bracht via Gouda, Alphen en Leiden de sBk 4006 naar de Wph te Haarlem terwijl DEloc 2318 vanuit Woerden via Amsterdam het AB 4006 rijtuig naar Haarlem bracht. Treinstel ICM3 4006 kwam na herstel op 7 april 1989 weer op de baan. Eind 1993 werd besloten om alle ICM-treinstellen te voorzien van baanruimers, die de kans op een ontsporing na een overwegbotsing aanzienlijk verkleinen, hetgeen inmiddels is bewezen. Als eerste met een baanruimer kwam in februari 1994 het mBDk-rijtuig 4224 in treinstel ICM 4218 op de baan.

Haaks op het spoor staat het ontspoorde sBk-rijtuig 4006 in een weiland bij Driebruggen op 30 maart 1988. (foto Rob van Ee)

Aan de achterzijde van het ontspoorde sBk-rijtuig 4006 is de bovenleidingmast te zien waartegen het rijtuig tot stilstand is gekomen. Driebruggen, 30 maart 1988. (foto Rob van Ee)

Op zaterdag 3 april 1988 werd sBk-rijtuig 4006 met behulp van de Utrechtse ongevallenkraan en een mobiele kraan uit het drassige weiland geborgen en op draaistellen geplaatst. (foto's Rob van Ee)

DIESELTWEE RAMT GRAAFMACHINE NABIJ HEINO

Op 7 april 1988 rond 17.15 uur vond op het baanvak Zwolle-Almelo een ernstige overwegbotsing plaats met trein 7955. Ter hoogte van de buurtschap Lierderholthuis nabij Heino reed een graafmachine plotseling een met knipperlichten beveiligde overweg op en werd in de flank gegrepen door DE2 184. Zowel de bestuurder van de graafmachine als de machinist van de trein, die in zijn cabine bekneld had gezeten, raakten zwaar gewond. Assistentie werd o.a. verleend door het NS-traumateam uit Zwolle, die er na drie en een half uur in slaagde de machinist uit zijn benarde positie te bevrijden. Met zware schade aan de ABk-zijde werd de dieseltwee in de avond naar Zwolle teruggesleept en op 28 april 1988 door ElD4 716 via Amsterdam CS naar de Wph in Haarlem overgebracht. Op 30 maart 1989 werd DE2 184 na een revisie en voorzien van een nieuwe cabine afgeleverd. Wph Haarlem, 3 mei 1988.

(foto Huub van Meurs)

OVERWEGBOTSING MET PLAN V BIJ ROERMOND

Op 28 mei 1988 botste bij Roermond een personenauto tegen de stoptrein Roermond-Sittard op een met knipperlichten beveiligde overweg. Het treinstel ELD2 416 schoof de auto ongeveer 300 meter door de ballast en raakte beschadigd. De bestuurder van de auto verloor hierbij het leven. Het treinverkeer was gedurende de opruimingswerkzaamheden gestremd.

(foto Marcel van Ee)

STOPTREIN BOTST OP GOEDERENTREIN IN ZEELAND

Bij een botsing tussen de stoptrein Roosendaal-Vlissingen en een goederentrein zijn op 1 juni 1988 nabij het Zeeuwse Rilland-Bath drie personen, waaronder de machinist van de stoptrein, om het leven gekomen en raakten 28 passagiers gewond. Rond 10.40 uur botste trein 14627, bestaande uit ELP2+2 904+958, met hoge snelheid achter op een stilstaande goederentrein, bestaande uit 22 beladen grindwagens en getrokken door Eloc 1636. Deze trein was juist begonnen aan een serie proefritten om het energieverbruik van de locomotief te testen met zware goederentreinen. Hierbij zou enige malen door de trein worden gestopt en weer worden opgetrokken. Uiteraard was de dienstregeling zodanig dat de overige treinen geen hinder van de testen zouden ondervinden. De goederentrein stond echter met technische problemen, namelijk vaste remmen, stil. Door de botsing schoot het BPk-rijtuig 904 van de stoptrein over een tweetal grindwagens van de goederentrein heen en bleef zijwaarts op een dijk hangen. Het achteroplopende treinstel ELP2 958 botste met het ABk-rijtuig op de ABk 904 en ontspoorde daarbij met een truckstel. Twee grindwagens van de goederentrein werden totaal vernield. De goederentrein met Eloc 1636 werd door DEloc 2332 weggesleept. Na hersporing door de ongevallenploeg van Rotterdam-Feijenoord, die met de ongevallenwagen ter plaatse was, werd de muurvast zittende combinatie ABk 904+ELP2 958 door DEloc 2282 terug gesleept naar Bergen op Zoom. Ook het zwaar beschadigde rijtuig BPk 904 werd na berging in Bergen op Zoom geplaatst. Treinstel ELP2 958 ging op 10 juni 1989 voor herstel van Bergen op Zoom naar de Wph Haarlem terwijl de ABk+BPk-rijtuigen van treinstel ELP2 904 naar de werkplaats in Roosendaal werden overgebracht. In de nacht van 7 op 8 januari 1989 sleepte DEloc 2295 het beschadigde ABk-rijtuig 904 naar de Wph in Tilburg waarna het herstelde rijtuig gesleept door Sprinter 2021 op 26 mei 1989 naar de Wph in Haarlem ging. Gecombineerd met het in Haarlem gereviseerde BPk-rijtuig 938 kwam treinstel ELP2 904 op 9 november 1989 weer in dienst. Het zwaar beschadigde BPk-rijtuig 904 werd uiteindelijk in november 1989 in de werkplaats Roosendaal onttakeld en gesloopt.

Overzicht van de ravage bij Rilland-Bath na een botsing tussen de stoptrein naar Vlissingen en een stilstaande goederentrein op 1 juni 1988. Boven op een stormdijk hangt het zwaar beschadigde BPk-rijtuig 904 van stoptrein 14627, rechts enkele grindwagens van de goederentrein. (foto Henk de Jager)

De goederentrein, getrokken door Eloc 1636, was met 22 beladen grindwagens tot stilstand gekomen bij Rilland-Bath toen in volle vaart de stoptrein naar Vlissingen achterop botste. (foto Henk de Jager)

Als gevolg van de hevige klap botsten de beide treinstellen van stoptrein 14627 door de koppelingen heen. Hierdoor raakten de ABk-rijtuigen 904 en 958 ernstig beschadigd en moesten worden losgebrand. Rilland-Bath, 1 juni 1988. (foto Henk de Jager)

Achteraanzicht van de treinstellen ELP2+2 958+904, waarbij het BPk-rijtuig 904 door de botsing na rechts is geslagen en op de stormdijk ligt. Rilland-Bath, 1 juni 1988. (foto Henk de Jager)

Detailopname van treinstel ELP2 904 gezien vanaf de stormdijk bij Rilland-Bath op 1 juni 1988. (foto Henk de Jager)

Als gevolg van de botsing bij Rilland-Bath raakte het BPk-rijtuig 904 total loss. 1 juni 1988. (foto Henk de Jager)

BRANDSCHADE NA OVERWEGBOTSING IN UDENHOUT

Op een met knipperlichten beveiligde overweg in het Brabantse Udenhout botste op 10 augustus 1988 om 17.15 uur de stoptrein Zwolle-Roosendaal, bestaande uit ELD2+4 322+1761, tegen een personenauto waarvan de bestuurder om het leven kwam. De auto vloog in brand, waarna ook het ABDk-rijtuig 322 vlam vatte. Snel optreden van de brandweer voorkwam dat het treinstel uitbrandde. De geblakerde combinatie werd ter inspectie op een zijspoor van station Tilburg geplaatst waarna het daags na het ongeval naar de Wph in Haarlem vertrok. Treinstel ELD2 322 kwam niet meer in dienst, de beide rijtuigen werden verbouwd tot tentoonstellingsruimte en op 27 augustus 1991 per dieplader van Haarlem naar de Floriade in Zoetermeer gebracht. Na afloop van de Floriade werden de rijtuigen afgevoerd en gesloopt. Tilburg, 11 augustus 1988.

(foto's Marcel van Ee)

STOPTREIN BOTST OP TRACTOR MET AANHANGER BIJ PUTTEN

Op 4 november 1988 kwam op een met knipperlichten beveiligde overweg nabij Putten een tractor met zware aanhanger in botsing met de stoptrein Zwolle-Amersfoort. Stoptrein 5622, bestaande uit ELP2+4 803+502, raakte de zware aanhanger in de flank en drukte deze tegen betonnen bovenleidingsmast die sneuvelde. Als gevolg hiervan ontspoorde het ABk-rijtuig 803 met een draaistel en schoof daarna nog zo'n 150 meter door de ballast. Bij dit ongeval raakte niemand gewond. Ter plaatse werd assistentie verleend door de Utrechtse ongevallenkraan getrokken door DEloc 2470. Na hersporing werd in de loop van de avond het treinverkeer weer hervat.

(foto Nico Lollinga)

DELOC ONTSPOORD TE AMERSFOORT

Als gevolg van een foutieve wisselstand ontspoorde op 5 november 1988 DEloc 2238 op het emplacement van Amersfoort. Met behulp van de ongevallenkraan nr. 482 uit Utrecht, die daags tevoren nog aktief was in Putten, werd de locomotief weer op het spoor gezet.

(foto Rob van Ee)

RAVAGE NA ONTSPORING GOEDERENTREIN IN BOXTEL

Bij een ontsporing in de nacht van 6 op 7 januari 1989 in Boxtel raakten 16 van de 42 wagens van goederentrein 43103 het spoor bijster. Het spoor en de bovenleiding raakten over honderden meters beschadigd. De trein die onderweg was van Kijfhoek naar Venlo ontspoorde als gevolg van een afgebroken aspot van een der wagens. Doordat deze ontspoorde wagen vastliep achter een bovenleidingsportaal, stapelden vijftien opvolgende wagens zich kris-kras op en over elkaar. Van de verongelukte ketelwagens lekte er een methanol, hetgeen brand veroorzaakte. Met behulp van de ongevallenploegen uit de Wph Tilburg en de Eindhovense ongevallenwagens getrokken door DElocs 2452 en 2504 werd de enorme ravage opgeruimd. Het treinverkeer via Boxtel werd op 10 januari 1989 weer hervat. Als gevolg van deze ontsporing zijn enige tijd later op proef warmtedetectoren bij de spoorstaven op het baanvak Eindhoven-Tilburg aangebracht teneinde tijdig warmgelopen assen te kunnen signaleren.

Overzicht van de ravage even voorbij het station Boxtel, kris-kras liggen diverse wagens van de ontspoorde goederentrein 43103 in de berm van de spoorbaan.
7 januari 1989. (foto Marcel van Ee)

Diverse NS-medewerkers zijn in aktie bij de ontspoorde goederentrein in Boxtel. Links de Eindhovense ongevallenwagen getrokken door diesellocomotief 2452.
7 januari 1989. (foto Marcel van Ee)

WASLOC ONTSPOORD BIJ AMSTERDAMSE WERKPLAATS

In een wissel nabij de wasmachine van de Amsterdamse lijnwerkplaats Zaanstraat ontspoorde op 15 februari 1989 een Vollert wasloc. De machine die met een as tussen de wissel kwam werd met behulp van enig vijzelwerk weer in het spoor geplaatst.

(foto Rob van Ee)

ONTSPORING WAGONS IN TILBURG

Op 4 mei 1989 ontspoorden 's morgens rond 04.40 uur aan de oostzijde van het station Tilburg twee wagons van een goederentrein beladen met aluminium staven. Tevens werd hierdoor een bovenleidingmast en een tiental meters bovenleiding vernield.
De hersporing geschiedde met behulp van de nieuwe, in 1988 bij Krupp gebouwde, ongevallenkraan nr. 978 1 500-7 uit Eindhoven.

(foto's Marcel van Ee)

WARMLOPER BIJ LOCOMOTIEF 1211 IN ARNHEM

Als gevolg van een warmgelopen steunlager werd op 3 mei 1989 op het opstelterrein Arnhem-Berg Eloc 1211 voorzien van een ander draaistel. Met behulp van twee ongevallenkranen werd de klus geklaard.

(foto Carel van Gestel)

NEDERLAND - BELGIE IN ROOSENDAAL

Op het emplacement van de werkplaats te Roosendaal kwamen op 19 mei 1989 tijdens rangeerwerkzaamheden locomotor 209 zijdelings in aanraking met de NMBS Eloc 2551. Beiden raakten licht beschadigd.

(foto Nico Lollinga)

GRINDLOSSER ONTSPOORD BIJ UTRECHT

Naast de loods waar de Utrechtse ongevallenploeg is gehuisvest, het z.g. Herstelpunt Traktie & Materieel Utrecht (HTMU), ontspoorde op 23 mei 1989 een volle grindwagon die daardoor kantelde. Gezien de lokatie kon vrijwel direkt met de opruimings- en hersporingsaktiviteiten worden begonnen. De gehele inhoud aan grind moest worden verwijderd alvorens het beschadigde spoor en wissel konden worden vervangen.

(foto Rob van Ee)

LOCOMOTIEF BOTST OP HEFBRUG IN DE ROTTERDAMSE EUROPOORT

In de ochtend van 15 juni 1989 botste rond 7.00 uur een lege ertstrein getrokken door DEloc 2233 op de openstaande Calandbrug in de Rotterdamse haven. Twee machinisten in de zwaar beschadigde locomotief raakten daarbij licht gewond. De hefbrug stond vier meter omhoog toen de locomotief ermee in botsing kwam. Door de klap werd de brug, die een verbinding vormt tussen het Botlek- en Europoortgebied, een meter uit het lood geslagen. De locomotief werd bij de lijnwerkplaats Feijenoord terzijde gezet en op 10 juli 1989 naar de Wph Tilburg getransporteerd. Gezien de omvangrijke schade en de ouderdom van de locomotief werd van herstel afgezien. DEloc 2233 werd op het achterterrein van de hoofdwerkplaats in de loop van 1990 gesloopt. Lijnwerkplaats Feijenoord, 16 juni 1989.

(foto Rob van Ee)

LOCOMOTIEF DOOR STOOTJUK IN AMSTERDAM

Op 18 juni 1989 reed Eloc 1653 tijdens een rangeerbeweging naar het Oostelijk Eiland in Amsterdam door het stootjuk en belandde met een draaistel in het zand. Door middel van enig vijzelwerk werd de locomotief weer op de rails gezet.

(foto Rob van Ee)

STOPTREIN BOTST OP ZANDAUTO BIJ ALPHEN

Op een met knipperlichten beveiligde overweg nabij Alphen aan de Rijn botste op 28 juni 1989 rond 15.00 uur een beladen zandauto tegen stoptrein 9946, Utrecht-Leiden. Hierbij werd de vrachtwagenchauffeur gedood en raakten zeven personen, waaronder de machinist, gewond. Door de kracht van de botsing ontspoorde de gehele trein. Het voorste rijtuig ABk 839 schaarde rechtsom, kantelde het talud af en kwam met de cabine in een sloot tot stilstand. Het BPk-rijtuig 839 brak van de trein af en schoot naar links waarbij het gedeeltelijk op de ABk terecht kwam, die iets knikte. Van het achterste Plan V-treinstel 847 ontspoorde de ABk en schoof onder de cabine van de ABk 839, terwijl rijtuig BPk 847, weliswaar ontspoord, overeind bleef staan tussen de sporen. Dit rijtuig werd als eerste herspoord en weggesleept richting Haarlem. In de loop van de nacht en volgende ochtend werden de overige rijtuigen met behulp van de nieuwe Krupp ongevallenkraan herspoord, waarna de combinatie BPk 839+ABk 847+ABk 839 door DEloc 2407 werd overgebracht naar een zijspoor in Alphen aan de Rijn. Later op de dag werden de beschadigde rijtuigen, met uitzondering van de BPk 839, naar de Wph in Haarlem getransporteerd. Nadat enige dagen later de BPk 839 bij de losweg van het station Alphen aan de Rijn op andere truckstellen was gezet, werd ook dit rijtuig naar Haarlem afgevoerd. Wegens het grote aanbod van schadegevallen in de Wph Haarlem, werd op 8 augustus 1989 treinstel ELP2 947 voor herstel naar Tilburg overgebracht. Het herstel van rijtuig ABk 839 werd een primeur voor de Haarlemse hoofdwerkplaats. Aangezien herstel van schade aan dit rijtuig en die van het op 30 juli 1988 in Heerlen deels uitgebrande ABk-rijtuig 938 aanzienlijke financiële consequenties zouden hebben, werd besloten voor een goedkopere oplossing te kiezen. Men besloot de twee zwaar gehavende rijtuigen samen te voegen tot 1 rijtuig, waarbij gebruik werd gemaakt van het voorste deel en de vloer van de door brand beschadigde ABk 938 en het achterste deel met de bovenbouw van ABk 839. Eind december 1990 werd treinstel ELP2 839 door de werkplaats opgeleverd en de restanten van treinstel 938 gesloopt.

Kris-kras liggen de rijtuigen van de stoptrein 9946 door elkaar als gevolg van de overwegbotsing bij Alphen aan de Rijn. Links is de cabine van de zandauto zichtbaar. 28 juni 1989. (foto Georg Groenveld)

Bij de overwegbotsing met de zandauto ontspoorden alle rijtuigen van de stoptrein naar Leiden. Links ABk-rijtuig 947, op de voorgrond het gekantelde ABk-rijtuig 839 terwijl rechts het BPk-rijtuig 839 hoog boven de ravage uitsteekt. 28 juni 1989. (foto Georg Groenveld)

Overzicht van de ravage na de overwegbotsing, gezien in de richting van Alphen aan de Rijn. Op de achtergrond is de Utrechtse ongevallentrein met DEloc 2407 reeds ter plaatse. 28 juni 1989. (foto Georg Groenveld)

Door de botsing kantelde het vooroprijdende ABk-rijtuig 839 en belandde in de sloot, links ABk-rijtuig 947. 28 juni 1989. (foto Georg Groenveld)

Opgestapeld staan de op elkaar gebotste rijtuigen BPk 839 en links ABk 947. Alphen aan de Rijn, 28 juni 1989. (foto Georg Groenveld)

Als laatste werd daags na het ongeval in Alphen aan de Rijn het ABk-rijtuig 839 door de nieuwe NS-spoorongevallenkraan uit de spoorberm getakeld. 29 juni 1989. (foto Marcel van Ee)

DEFECTE LOC TE UITGEEST IN SLOOT GEDUWD

In de nacht van 19 op 20 december 1989 vond aan de noordzijde van het emplacement in Uitgeest een uiterst merkwaardige ontsporing plaats. Eloc 1606 was met een 2400 tons kolentrein 47184, samengesteld uit 31 wagons type Eanos, onderweg van Emmerich via Amsterdam en Uitgeest naar de Hoogovens. Om 4.10 uur raakte de locomotief na een snelremming defect en strandde op de bovenleidingloze brug over de Nauernasche Vaart in Krommenie. De machinist van de erachter rijdende kalktrein 47552 werd verzocht om met zijn trein de onfortuinlijke kolentrein weer onder de draad te duwen. Toen Eloc 1606 echter weer onder de draad stond bleek deze niet meer te functioneren, zodat werd besloten om de totale 4200 tons combinatie door te duwen naar zijspoor 6 in Uitgeest. De zware trein arriveerde rond 4.50 uur aan het eind van kopspoor 6, maar kwam niet tijdig tot stilstand en ramde het stootjuk. De ravage was enorm, Eloc 1606 schoof met stootjuk en al de naastgelegen sloot in, zes wagons beladen met bruinkool ontspoorden en stapelden zich naast en op elkaar. Tot overmaat van ramp bleek de locomotief in de sloot boven op een hoofddistributieleiding van de Gasunie te staan. Een kolenwagon had zich zo diep in de grond geboord, dat enkele kabels van de beveiliging en telecommunicatie werden vernield. Doordat tevens een staander van een bovenleidingsportaal was verbogen, kon men aanvankelijk geen treindienst meer uitvoeren rond Uitgeest. Na enige uren werd de staander van het portaal vervangen door een particuliere kraan die het totale bovenleidingportaal overeind hield, zodat men de treindienst weer via een spoor kon hervatten. Op 20 december konden de Spoorwegen nog niet met de opruimingswerkzaamheden beginnen omdat eerst de gasleiding getraceerd en op lekkages onderzocht moest worden. Tevens bleek het niet mogelijk om met een mobiele kraan in de drassige weilanden ter plaatse te komen. Besloten werd om een 160 meter lange hulpweg van zand en voorzien van rijplaten door de weilanden aan te leggen, zodat de locomotief geborgen kon worden. Tevens werd bij de loc een platform van 30 m^2 zand aangelegd waar een kraan op werd geplaatst. In twee dagen en nachten werden zand en materialen aangevoerd, waarna uiteindelijk in de nacht van 22 op 23 december de bak van de ontspoorde locomotief kon worden geborgen. De uit de sloot gehaalde draaistellen werden op 28 december op een platte wagen door Eloc 1601 naar de Wph Tilburg overgebracht. Eloc 1606 bleef gedurende de feestdagen, afgedekt met een zeil, in Uitgeest staan en werd in de nacht van 2 op 3 januari 1990 op hulpdraaistellen overgebracht naar de Wph in Tilburg. De locomotief werd weer hersteld.

Als gevolg van de ontsporing in Uitgeest staat Eloc 1606 muurvast in de modder van een naast de spoorbaan gelegen sloot. 20 december 1989. (foto Rob van Ee)

Klemvast in de sloot staat Eloc 1606 op een hoofddistributieleiding van de Gasunie, links een tweetal met bruinkool beladen wagons. 20 december 1989. (foto Rob van Ee)

Hoog opgestapeld staan een zestal, met bruinkool, beladen wagons in de sloot en berm van de spoorbaan in Uitgeest, links een deel van locomotief 1606. 20 december 1989. (foto Rob van Ee)

De defecte locomotief 1606 is in Uitgeest met het stootjuk en een zestal beladen wagons enige tientallen meters door de sloot geduwd. 22 december 1989. (foto Rob van Ee)

Na de ontsporing in Uitgeest werd rond locomotief 1606 een platform van 30 m2 zand aangelegd waarop een mobiele kraan werd geplaatst, die zodoende berging van de loc mogelijk maakte. 22 december 1989. (foto Rob van Ee)

WEER LOCOMOTIEF DOOR STOOTJUK IN UITGEEST

In ruim twee weken tijd werden in Uitgeest twee locomotieven uit de serie 1600 door een stootjuk geduwd. Nadat op 20 december 1989 Eloc 1606 van kolentrein 47184 aan de noordzijde van het emplacement met het stootjuk en al in de sloot belandde, was het op 8 januari 1990 weer raak. Tijdens het rangeren van de locomotieven van kalktrein 49505 werd op het kopspoor aan de zuidzijde van station Uitgeest Eloc 1636 door het stootjuk geduwd. De locomotief, die met Eloc 1306 werd omgerangeerd, beschadigde hierbij een hek, het knipperlicht van de overweg en een verkeerslicht. Met behulp van de hersporingsploeg uit Amsterdam werd Eloc 1636 in de loop van de dag weer herspoord.

(foto Rob van Ee)

ONTSPORING RANGEERLOCOMOTIEF IN AMSTERDAM

De Nederlandse Spoorwegen waren nog nauwelijks bekomen van de hevige januaristorm of daags erna, op 26 januari 1990, ontspoorde in een wissel op het Amsterdamse Westelijk Eiland rangeerlocomotief 629 met alle drie de assen. Ondanks de hevige storm lukte het de plaatselijke hersporingsploeg om de locomotief weer op het spoor te krijgen.

(foto Rob van Ee)

NIEUWE DIESELLOCOMOTIEF DOOR STOOTJUK IN TILBURG

De splinternieuwe diesellocomotief 6430 begon zijn loopbaan bij de Nederlandse Spoorwegen wel op een heel bijzondere manier. Op 1 februari 1990 zou met deze locomotief de eerste proefrit gereden worden teneinde een aantal testen uit te voeren, waarna de loc, na goedkeuring, zou worden afgeleverd voor de rijdende dienst.
Bij vertrek uit de Wph Tilburg weigerden echter de remmen van DEloc 6430 en reed deze met de volle loclengte door het stootjuk van het uithaalspoor nabij de werkplaats. De locomotief bleef in het zand steken, een meter voor een hoog talud. Voor de treindienst rond Tilburg had de ontsporing geen gevolgen en daags na het ongeval werd de locomotief weer herspoord. Voor de betreffende proefritmachinist van de hoofdwerkplaats Tilburg kreeg deze ontsporing nog een aardig vervolg. Op 1 augustus 1990 werd in Breda diesellocomotief 6430 naar hem vernoemd en gedoopt "Jan Adrianus".

(foto Rob van Ee)

RANGEERBOTSING BIJ LIJNWERKPLAATS AMSTERDAM-ZAANSTRAAT

Tijdens een rangeerbeweging op het emplacement van de lijnwerkplaats Amsterdam-Zaanstraat botsten op 16 februari 1990 de treinstellen ELD4 511 en ELP2 851 met geringe snelheid op elkaar.
Hersporingsmedewerkers bekijken de schade aan het ABk-rijtuig 851.

(foto Rob van Ee)

TWEE BENELUXTREINEN MANGELEN AUTO OP OVERWEG IN DORDRECHT

Op een met knipperlichten beveiligde overweg in Dordrecht-Zuid raakte op 1 april 1990 de Beneluxtrein Amsterdam-Brussel een personenauto. Vrijwel tegelijkertijd kwam uit de tegenovergestelde richting NMBS Eloc 1190 met een Beneluxtrekduwtrein die de auto onder de locomotief kreeg. Als gevolg van deze botsing kwam de chauffeur om het leven en vloog de auto in brand waarbij Eloc 1190 aanzienlijke brandschade opliep. Dordrecht, 1 april 1990.

(foto Egbert van Werkhoven)

LAATSTE RIJTUIG PLAN N UITGEBRAND IN WESTHAVEN

Als gevolg van brandstichting werd op 9 april 1990 het Plan N rijtuig 20 016 (ex B 7014) in de Amsterdamse Australiëhaven geheel verwoest. Dit Plan N rijtuig was het laatste uit een serie van 25 stuks (B 7001/7025) en stond op het verlanglijstje van de Stichting Tot Behoud van Af te voeren Nederlands Spoorwegmaterieel (STIBANS). In de loop van 1990 werd het rijtuig gesloopt.

(foto Dirk Kruijt)

WARMLOPER MATERIEEL 1954 NABIJ EDE

Begin april 1990 strandde nabij Ede treinstel ELD4 1783 met een warmgelopen astap in het voorste draaistel van het BDk-rijtuig. Aangezien het treinstel niet meer over een lange afstand kon rijden en derhalve geen werkplaats kon bereiken, koos men voor een andere oplossing. Het defecte treinstel werd naar het dichtstbijzijnde zijspoor, namelijk het emplacement van Ede-Wageningen, gedirigeerd. Daar werd op 12 april met behulp van de Utrechtse ongevallenkraan het defecte draaistel gewisseld, waarna de trein zijn weg kon vervolgen.

(foto Rob van Ee)

TWEE INTERCITY's BOTSEN TIJDENS COMBINEREN IN ENSCHEDE

Bij een botsing tussen twee ICM-stellen werden in Enschede de treinstellen 4095 en 4004 beschadigd. De botsing vond plaats op 11 april 1990 toen treinstel 4095 tijdens het combineren voor trein 1730 met te hoge snelheid tegen treinstel 4004 reed, die met een draaistel ontspoorde. Met schade aan de sBk 4004 en mBDk 4095 kwamen de stellen op 13 april 1990 in de Wph Haarlem aan.

NS-medewerkers bekijken de schade aan de intercitystellen, waarbij die van het sBk-rijtuig 4004 (rechts) aanzienlijk is. Enschede, 11 april 1990. (foto Guus Ferrée)

Intercitytreinstel 4004 staat met schade aan het sBk-rijtuig aan de losweg van Enschede op 12 april 1990. (foto Marcel van Ee)

SNELTREIN BOTST OP VRACHTWAGEN IN DALEN

Op een met knipperlichten beveiligde overweg in Dalen botste op 4 mei 1990 sneltrein 18040, Emmen-Zwolle, op een met 12 ton kunstmest geladen vrachtwagen. Door de klap ontspoorde het Bk-rijtuig 371 met een draaistel en raakte zwaar beschadigd. Zeven personen raakten gewond, waaronder de machinist van de trein. Assistentie werd verleend door de ongevallenploeg uit Zwolle terwijl de trein in de loop van de dag door een particuliere mobiele kraan werd herspoord. Na herstel in de Wph Haarlem kwam treinstel ELD2 371 op 12 oktober 1990 weer in dienst.

(foto Henk de Jager)

BLIKSEMINSLAG VERWOEST TREINEN IN ALKMAAR

Tijdens een hevig noodweer dat op 30 juni 1990 boven het station van Alkmaar losbarstte, raakte als gevolg van blikseminslag in de schakelkast van treinstel 870 het ABk-rijtuig in brand. Door de blikseminslag kwam trein 5565 uit Hoorn op spoor 5 van het station Alkmaar al rokend tot stilstand, waarna alle passagiers en personeel de trein veilig konden verlaten. Daarna greep het vuur razendsnel om zich heen en in korte tijd stond ook het BPk-rijtuig in brand en een deel van de stationsoverkapping. Aangezien de brandende trein met vaste remmen stond was het niet mogelijk om hem weg te slepen, met als gevolg dat de op spoor 6 afgestelde dubbeldekstrein ook vlam vatte en het stuurstandrijtuig Bvk 26 115 gedeeltelijk uitbrandde. Na ruim een uur had de Alkmaarse brandweer het vuur onder controle en konden de zwaar beschadigde treinen worden weggesleept naar het opstelterrein. De schade bedroeg ruim 3,5 miljoen gulden. Zowel treinstel ELD2 870 als stuurstandrijtuig Bvk 26 115 werden weer hersteld en opgeleverd op 24 december 1992 resp. 4 juni 1993.

Met zware brandschade staat treinstel ELP2 870 voorlopig terzijde bij de Lijnwerkplaats Amsterdam-Zaanstraat, 2 juli 1990. (foto Rob van Ee)

Stuurstandrijtuig Bvk 26 115 en Bv 26 425 staan ter inspectie van de brandschade bij de Lijnwerkplaats Amsterdam-Zaanstraat. 2 juli 1990. (foto Rob van Ee)

RANGEERSCHADE IN HOORN

Op het opstelterrein in Hoorn botsen op 11 juli 1990 de treinstellen ELP4+2 509+880 tijdens een rangeerbeweging achter op de opgestelde ELD4+4 1763+725. Door de klap ontspoorde het voorste draaistel van het Bk2-rijtuig 509 met een as en raakte evenals het Bk-rijtuig 1763 beschadigd. De treinstellen zijn in de werkplaatsen van resp. Onnen en Amsterdam-Zaanstraat hersteld.

(foto collectie Rob & Marcel van Ee)

RANGEERLOCOMOTIEF CONTRA TRUCK

Tijdens rangeerwerkzaamheden in de Rotterdamse Waalhaven botste op 28 augustus 1990 een truck op de zojuist overstekende DEloc 2230. De chauffeur van de truck verklaarde de rangeerder met rode vlag niet gezien te hebben en werd met zijn voertuig, dat zwaar beschadigd raakte, van de weg gedrukt. De locomotief kon met lichte schade zijn weg vervolgen.

(foto Paul Loman)

DIESELLOCOMOTIEF TOTAL LOSS IN SLOEGEBIED

Op het rangeerterrein van het Zeeuwse Sloegebied reed op 30 oktober 1990 een goederentrein getrokken door DEloc 2280 in op een stilstaande wagon met isobutaan, een ontplofbaar lpg-gas. Door de klap werd de tankwagon van zijn draaistel gelicht maar bleef verder volledig in tact, zodat er volgens de brandweer geen gevaarlijke situatie was ontstaan. Van DEloc 2280, die met een draaistel ontspoorde, werd de motorhuif finaal ingedrukt. Na hersporing werd de locomotief afgevoerd naar Tilburg en niet meer in herstelling genomen. In mei 1992 werd de locomotief op het terrein van de hoofdwerkplaats gesloopt. Tilburg-Goederen, 7 juni 1991.

(foto Rob van Ee)

DIESELDRIE NA BOTSING MET BESTELBUS ONTSPOORD EN UITGEBRAND

Een overwegbotsing op 12 april 1991 in het Noord-Limburgse Melderslo tussen de stoptrein Nijmegen-Roermond en een bestelbus had wel heel grote gevolgen. Om 19.35 uur botste de bestelbus tegen DE3+3 143+114 die als trein 6269 richting Venlo reed. Door de klap ontspoorde het vooroplopende ABk-rijtuig 143, reed naar rechts en kantelde dwars over het enkelsporige baanvak. Het B-rijtuig schoof naar de linkerzijde van de spoorbaan en werd deels opengereten door een losgeslagen draaistel van het ABk-rijtuig. De 66 ton zware motorwagen mBDk 143 kwam tegen de gekantelde ABk tot stilstand. Direkt na het ongeval brak er brand uit in het ABk-rijtuig die, op de cabine na, geheel werd verwoest. Ook de motorwagen vatte vlam waarbij de reizigersafdeling uitbrandde. Het achteroplopende treinstel DE3 114 liep lichte schade op en werd door DEloc 2209 naar Nijmegen terug gesleept. De bestuurder van het busje overleefde het ongeval niet, terwijl drie treinpassagiers ernstig gewond raakten. De uitgebrande dieseldrie, die total loss was, werd in de loop van de nacht en volgende ochtend geheel naast de spoorbaan geplaatst en afgedekt met plastic folie. Nadat het over 250 meter vernield spoor in de loop van 13 april was vervangen, kon het treinverkeer worden hervat. Op 16 april werden diverse bruikbare onderdelen en een deel van het interieur van het verongelukte treinstel door medewerkers van de Wph Tilburg verwijderd. Met behulp van een kraan werd op 18 april de dieselmotor met toebehoren uit de motorkamer getakeld en overgebracht naar de Wph Tilburg. In de eerste week van mei 1991 werd DE3 143 ter plaatse gesloopt en verdween daarmee als eerste uit de serie van 52 dieseltreinstellen Plan U, gebouwd in 1960/63 bij Werkspoor te Utrecht.

In afwachting van de sloper liggen de uitgebrande rijtuigen van dieseltreinstel 143 bij Melderslo naast de spoorbaan. 29 april 1991. (foto Rob van Ee)

Van de geblakerde B en mBDk-rijtuigen 143 was, op de dieselmotor en enig interieur na, weinig meer over. Melderslo, 17 april 1991. (foto Rob van Ee)

Nadat op 18 april 1991 de motor met toebehoren uit het mBDk-rijtuig 143 was verwijderd, bieden de rijtuigen een troosteloze aanblik. Melderslo, 29 april 1991. (foto Rob van Ee)

Op 29 april 1991 passeert DE3 129 als stoptrein naar Venlo het verongelukte treinstel bij Melderslo. (foto Rob van Ee)

DIESELDRIE ONTSPOORD EN ZWAAR BESCHADIGD IN WINTERSWIJK

Vijf maanden nadat in Melderslo dieseldrie 143 op een overweg in botsing kwam met een weggebruiker en geheel naast het spoor kwam te liggen vond op 3 september 1991 een soortgelijk ongeval plaats.
Kort na vertrek uit het station van Winterswijk kwam trein 7724 op een overweg in botsing met een vrachtwagen die de zijkant van de juist passerende trein ramde. De chauffeur van de vrachtwagen kwam hierbij om het leven en drie treinpassagiers raakten licht gewond. Van de treinstellen DE3+3 152+136 ontspoorde het vooroplopende ABk-rijtuig 152, schoof naar links en kantelde in een naastgelegen weiland. Het B-rijtuig 152 ontspoorde eveneens en kwam dwars over de spoorbaan te staan terwijl de motorwagen mBDk 152 en de achteroplopende dieseldrie 136 in het spoor bleven. In de loop van de dag werden, met assistentie van de hersporingsploeg Zwolle, de motorwagen en het inmiddels herspoorde B-rijtuig door diesellocomotief 2222 terug gesleept naar het station van Winterswijk. Op 11 september werd deze combinatie via Zutphen naar de Wph Tilburg overgebracht. Het gekantelde ABk-rijtuig werd, na 10 dagen op zijn kant in het weiland te hebben gelegen, op 13 september geborgen en op andere draaistellen naar Arnhem vervoerd. In de nacht van 17 op 18 september werd het rijtuig naar de Wph Tilburg overgebracht. Op 12 maart 1992 kwam het herstelde treinstel weer in dienst.

Na de botsing met de vrachtwagen kantelde het ABk-rijtuig 152 en belandde in een weiland. Op de achtergrond staat het B-rijtuig dwars over het spoor. Winterswijk, 3 september 1991. (foto Marcel van Ee)

Van het in Winterswijk ontspoorde dieseltreinstel 152 kwam het B-rijtuig dwars over het enkelsporige baanvak te staan. 3 september 1991. (foto Marcel van Ee)

Met behulp van twee mobiele kranen werd het B-rijtuig 143 weer op de rails gezet. Op de voorgrond het gekantelde ABk-rijtuig. Winterswijk, 3 september 1991. (foto Marcel van Ee)

DIESELLOCOMOTIEF IN CABRIOLET UITVOERING

Op 18 december 1991 vond in de Amsterdamse Coenhaven een merkwaardig ongeval plaats. Op het terrein van de firma Matex kwam de cabine van diesellocomotief 6430 in botsing met een stalen bordes, waar de locomotief op dat moment onderdoor reed. Door de klap kwam het dak van de loc omhoog en raakte de cabine volledig ontzet. De zwaar gehavende locomotief werd terug gesleept naar de losplaats aan de Westhavenweg, waar het dak op 23 december werd losgebrand en met een mobiele kraan geheel werd verwijderd. De cabriolet-locomotief 6430 werd met de verwrongen cabine op een platte wagen erachter door diesellocomotief 6454 naar de Wph in Haarlem gesleept. Op 3 januari 1992 ging de loc achter DEloc 2204 voor herstel naar de Wph Tilburg. Locomotief 6430 werd, voorzien van de cabine van loc 6443, op 31 maart 1992 in dienst gesteld.

Als gevolg van de botsing met een stalen bordes in de Amsterdamse Coenhaven raakte de cabine van DEloc 6430 volledig ontzet. Amsterdam-Westhaven, 18 december 1991. (foto Henk de Jager)

Om vervoer over het spoor mogelijk te maken werd op 23 december 1991 de machinistencabine van diesellocomotief 6430 verwijderd. Amsterdam-Westhaven. (foto Henk de Jager)

BRANDALARM IN AMSTERDAMSE CENTRAAL STATION

Op 20 december 1991 werd in het Amsterdamse Centraal Station groot brandalarm geslagen. Onder de historische stationskap bleek het AB-rijtuig van Aegonstel 4024 in brand te staan. De intercitytrein stond op spoor 11b als trein 783 gereed voor vertrek naar Groningen. De Amsterdamse brandweer, die met vijftien blusvoertuigen uitrukte, had het vuur spoedig onder controle.

(foto Dirk Kruijt)

DIESELLOCOMOTIEVEN BOTSEN FRONTAAL IN ONNEN

Op het emplacement van Onnen botsten op 14 januari 1992 diesellocomotief 6443, die met een goederentrein uit Delfzijl binnenliep, frontaal op de juist rangerende locomotief 6429. Als gevolg van de botsing knikten de locomotieven naar voren en raakten dermate zwaar beschadigd dat vervoer over de rails naar de Wph in Tilburg onmogelijk bleek. Besloten werd de gehavende locs op 5 februari op diepladers over de weg naar Tilburg te vervoeren. Ter assistentie kwamen enige personeelsleden uit de Wph Tilburg naar Onnen, om samen met hun Groningse collega's, de klus te klaren. Met behulp van twee mobiele kranen werden de beide cabines van de locomotieven verwijderd en op een dieplader geplaatst. De gehavende locomotieven werden elk zonder draaistellen op een dieplader vervoerd. Het transport, dat onderweg veel bekijks trok, kwam in de avonduren veilig in de Wph Tilburg aan. Het herstel van de 6429 en 6443 bleek een omvangrijk karwei maar uiteindelijk werden de locomotieven resp. op 11 februari en 23 november 1993 opgeleverd.

Als gevolg van de frontale botsing op het rangeerterrein Onnen zijn de diesellocomotieven 6429 en 6443 (rechts) geknikt. 5 februari 1992. (foto Rob van Ee)

Met een mobiele kraan wordt diesellocomotief 6429 van haar draaistellen op een dieplader gehesen. Onnen, 5 februari 1992. (foto Rob van Ee)
Op het terrein van de lijnwerkplaats Onnen worden DElocs 6443 en 6429 gereed gemaakt voor transport naar de Wph Tilburg, de cabines zijn inmiddels op een vrachtwagen geplaatst. 5 februari 1992. (foto Rob van Ee)

TWEE DEFECTE TREINSTELLEN STRANDEN IN OSS

Zojuist is het defecte draaistel onder het BDk-rijtuig 750 verwijderd. Oss, 11 maart 1992. (foto Rob van Ee)

NS-medewerkers van de ongevallenploeg Arnhem wisselen een defect draaistel onder het BDk-rijtuig 750. Oss, 11 maart 1992. (foto Rob van Ee)

In Oss strandden binnen vier dagen twee treinstellen materieel 1954 met warmgelopen aspotten. Op 2 maart 1992 kwam ELD4 780 als trein 4466 nabij Oss defect tot stilstand terwijl op 6 maart ELD4 750 als trein 3656 met hetzelfde euvel strandde. Beide treinstellen werden in Oss op een zijspoor geplaatst, waarna vandalen er hun graffiti-kunsten op bot vierden. Op 11 maart 1992 werden de draaistellen onder de rijtuigen B 780 en BDk 750 vervangen met behulp van een mobiele kraan en assistentie van de Arnhemse ongevallenploeg met diesellocomotief 2247. 11 maart 1992.

RAVAGE NA BOTSING MET DIESELDRIE BIJ LEERDAM

Op 31 maart 1992, drie maanden voordat de elektrificatie op het baanvak Dordrecht-Geldermalsen een feit was, kwam op een overweg bij Leerdam een dieseldrie in botsing met een personenauto, waarvan de bestuurder werd gedood. Het treinstel DE3 122, die als stoptrein 7121 richting Geldermalsen reed, ontspoorde met het ABk-rijtuig maar bleef tegen de contrarails van het achter de overweg gelegen bruggetje over de Culemborgse Vliet rijden zodat het ABk-rijtuig niet schaarde. Na een 50-tal meters kwam het treinstel tot stilstand waarbij het voorste draaistel dwars onder het zwaar beschadigde ABk-rijtuig bleef hangen. De totaal vernielde auto vloog ter hoogte van de motorwagen in brand waarna deze mBDk ook vlam vatte. Door een snelle aktie van de brandweer kon worden voorkomen dat het rijtuig uitbrandde. Twee splinternieuwe bovenleidingsmasten waren omver gereden en de bovenleiding, waar juist twee dagen spanning op stond, kwam over honderden meters naar beneden. Na hersporing werd treinstel 122 via Beesd naar Geldermalsen geduwd waar het ABk-rijtuig op een ander kopdraaistel werd gezet.

Op 4 april werd het treinstel, dat inmiddels geheel onder de graffiti was gespoten, afgevoerd naar de Wph in Tilburg. Na herstel kwam DE3 122 op 16 juni 1992 weer in dienst.

Ontspoord en zwaar beschadigd, met het voorste draaistel dwars onder het ABk-rijtuig, kwam DE3 122 tot stilstand na een botsing met een auto op een overweg bij Leerdam, 31 maart 1992. (foto Kees Sinke)

Na de overwegbotsing bij Leerdam vloog de personenauto ter hoogte van het mBDk-rijtuig 122 in brand, waarbij de motorwagen brandschade opliep. Leerdam, 31 maart 1992. (foto Nico Lollinga)

ELOC ONTSPOORD OP WISSEL TE ARNHEM-BERG

Op 29 mei 1992 ontspoorde op wissel 927 van het opstelterrein Arnhem-Berg Eloc 1151 met beide draaistellen. Met assistentie van de hersporingsploeg uit Zwolle, die met de ongevallenwagen getrokken door DEloc 6435 ter plaatse kwam, werd de locomotief weer herspoord. Gezien de verlopen revisietermijn werd de locomotief niet meer hersteld en ging op 15 januari 1993 naar de sloper in de Amsterdamse Westhaven.

Ontspoord en schuin onder een hoek van circa 20 graden staat Eloc 1151 in wissel 927 in afwachting van de hersporingsploeg. Arnhem-Berg, 29 mei 1992. (foto Carel van Gestel)

Met behulp van het Lukas-gereedschap (vijzels, loopmatjes e.d.) wordt de locomotief herspoord. Dit gereedschap wordt bediend vanaf een stuurtafel, rechts op de foto. Arnhem-Berg, 29 mei 1992. (foto Carel van Gestel)

PLAN V IN DE FOUT OP AMSTERDAMS BOVENDOK

Als gevolg van een foutieve rangeerbeweging kwam op 19 mei 1992 treinstel ELP2 860 op twee sporen terecht waardoor het BPk-rijtuig met een draaistel ontspoorde. De ontsporing vond plaats bij het oprijden van de opstelsporen naar het Amsterdamse Bovendok, even voorbij de draaibrug over het water van het Westerdok. Na enig vijzelwerk stond het onfortuinlijke treinstel weer op de juiste plaats.

(foto Rob van Ee)

TWEE STOPTREINEN RIJDEN IN OP KUDDE KOEIEN BIJ REEUWIJK

Op een onbewaakt overpad bij Reeuwijk reden op 8 juni 1992 twee stoptreinen een kudde koeien aan, waarvan er zeven werden gedood. Om 9.20 uur reed stoptrein 9824 naar Den Haag CS in op een kudde koeien, hierbij ontspoorde het ABk-rijtuig 813 met een draaistel terwijl uit tegenovergestelde richting stoptrein 4026 naar Amsterdam CS eveneens op de koeien inreed. Van dit treinstel raakte de koppeling van BPk-rijtuig 835 beschadigd en strandde met luchtlekkage. In de loop van de dag werden beide treinstellen weggesleept zodat het treinverkeer op het baanvak Woerden-Gouda weer kon worden hervat.

Met schade en luchtlekkage is treinstel ELP2 835 ter hoogte van Reeuwijk gestrand. 8 juni 1992. (foto Egbert van Werkhoven)

Na de botsing met een kudde koeien ontspoorde treinstel ELP2 813 met een draaistel ter hoogte van Reeuwijk. 8 juni 1992. (foto Egbert van Werkhoven)

DUBBELDEKKER BOTST OP SPRINTER IN AMSTERDAM

Op het opstelterrein van het Amsterdamse Bovendok botste op 24 juni 1992 tijdens rangeerwerkzaamheden dubbeldeksstam 7409 met Eloc 1711 bijna frontaal tegen een aldaar opgestelde Sprinter. De botsing was zo hevig dat het stuurstandrijtuig Bvk 270 7009 zijdelings tegen het Bk2-rijtuig 2895 van de Sprinter schoof, waarbij de ontspoorde treinstellen dreigden te kantelen. Het te hulp gesnelde NS-personeel kon dit echter voorkomen door de zwaar gehavende rijtuigen met enige dwarsliggers te stutten. Nadat de overige dubbeldeksrijtuigen met Eloc 1711 van het ontspoorde stuurstandrijtuig waren losgekoppeld, kon men met behulp van twee particuliere kranen de treinen in de loop van de dag hersporen en afvoeren naar de hoofdwerkplaatsen van Haarlem en Tilburg.
Stuurstandrijtuig Bvk 270 7009 was op het moment van de botsing slechts drie maanden oud en werd samen met Sprinter 2895 weer hersteld.

Door de botsing met Sprinter 2895 kwam stuurstandrijtuig Bvk 270 7009 tussen de sporen terecht. Amsterdam-Bovendok, 24 juni 1992. (foto Rob van Ee)

Als gevolg van de botsing met dubbeldeksstam 7409 dreigde Sprinter 2895 te kantelen. Amsterdam-Bovendok, 24 juni 1992. (foto Rob van Ee)

INTERCITY BOTST OP VRACHTAUTO IN HAELEN

Bij een botsing met een vrachtauto op een met automatische halve overwegbomen (AHOB) beveiligde overweg in Haelen raakten op 19 oktober 1992 intercitytrein 956 met locomotief 1603 zwaar beschadigd. De loc ontspoorde en maakte een draai van 180 graden waarbij de eerste rijtuigen ICR 20 716 en Plan W 21 525 eveneens ontspoorden en op de ravage botsten. Zowel de locomotief als de beschadigde rijtuigen werden, haaks aan het spoor, op de losweg geplaatst waarna ze op 23 oktober werden herspoord en naar Eindhoven getransporteerd. Eloc 1603 werd in de Wph Tilburg nagenoeg volledig opgebouwd en op 12 januari 1994 afgeleverd; de rijtuigen werden in de Haarlemse Wph hersteld.

Twee beschadigde rijtuigen en locomotief 1603 zijn tijdelijk op de losweg naast het hoofdspoor bij Haelen geplaatst. 23 oktober 1992. (foto Egbert van Werkhoven)

Op het emplacement van Haelen wordt locomotief 1603 voorzien van twee andere draaistellen. 23 oktober 1992. (foto Egbert van Werkhoven)
Op 29 oktober 1992 arriveerden de beschadigde rijtuigen ICR 20 716+PlanW 21 525 bij de Haarlemse Wph. (foto Huub van Meurs)

FRONTALE BOTSING IN EINDHOVEN

Op 31 oktober 1992 vond op Tongelre-aansluiting, de splitsing bij Eindhoven van de spoorlijnen naar Weert en Helmond, een botsing plaats tussen twee treinen. Op de kruising kwam stoptrein 15243 naar Deurne tot stilstand en werd even later frontaal aan de linkerzijde aangereden door de vertraagde intercity 846 uit Maastricht. Locomotief 1210 van de intercity duwde de, met een draaistel ontspoorde, stoptrein EL2 479 zo'n 50 meter achteruit, waarbij de cabine en een deel van het Bk-rijtuig werd vernield. Eloc 1210 liep aan de linker voorzijde plaatschade op. In de stoptrein raakten 20 passagiers licht en 4 zwaar gewond, waaronder de machinist. Op 3 november 1992 werd Eloc 1210 voor herstel overgebracht naar de Wph Tilburg. Treinstel EL 479 werd bij het NS-steunpunt Eindhoven geplaatst, waar op 5 november 1992 de cabine met twee compartimenten van het Bk-rijtuig werden verwijderd. In de daarop volgende nacht werd treinstel 479 naar de Wph Haarlem gesleept om deze op 13 juli 1993, voorzien van een nieuwe Bk-cabine, weer te verlaten.

Boven: Overzicht van de botsing op Tongelre-aansluiting met links stoptrein 15243 naar Deurne die ruim 50 meter werd terug geduwd door de 108 ton zware Eloc 1210 van intercitytrein 846 uit Maastricht.

Links: Eloc 1210 van intercity 846 heeft bij de frontale botsing op Tongelre-aansluiting matige schade opgelopen.

Rechts: Als gevolg van de frontale botsing met locomotief 1210 is de cabine van treinstel El2 479 volledig ingedrukt.

(foto's Anton Boer, 31 oktober 1992)

ONTSPORING BIJ HOOFDDORP MET ERNSTIGE GEVOLGEN

Ter hoogte van het opstelterrein bij Hoofddorp ontspoorde op 30 november 1992 rond 7.20 uur de intercitytrein 2127, Amsterdam CS-Vlissingen, samengesteld uit ICM 4224+4038. De ontsporing vond plaats in een S-bocht van een spoorgedeelte dat op 22 november was omgelegd en waar ter plaatse een snelheidsbeperking gold. Door een te hoge snelheid is de trein in de S-bocht gaan slingeren. Het gevolg was dat het voorste rijtuig sBFk 4224 ontspoorde en naar rechts schoof, op twee bovenleidingmasten botste, vervolgens tegen de verankering van een derde mast omhoog schoot en dat het rijtuig met het midden van de linker zijwand tegen de mast van dit zware bovenleidingportaal een 180 graden draaide. Daarna kantelde het in de bovenleidingmast verstrengelde rijtuig naar rechts en kwam naast de spoorbaan te liggen. In dit rijtuig kwamen vijf passagiers om het leven, zij bevonden zich nagenoeg op de plaats waar de mast het rijtuig binnendrong. Ook de meeste van de 33 gewonden vielen in dit rijtuig. De overige treinstellen ontspoorden eveneens en schoven nog tientallen meters door waarbij het tweede rijtuig A 4224 links van de spoorbaan terecht kwam en aan de kopwand beschadigd raakte door het geschaarde sBFk-rijtuig. De rijtuigen mB+mBDk 4224 kwamen rechts van de spoorbaan tot stilstand met schampschade aan de zijwand als gevolg van een botsing met een bovenleidingmast. Van het tweede treinstel ICM 4038 botste het sBk-rijtuig op de mBDk 4224 en helde over naar rechts. Het AB-rijtuig 4038 kantelde naar rechts en liep zijwandschade op terwijl het achteroplopende rijtuig mBDk 4038 ontspoorde en slechts geringe schade opliep. In de avonduren werd het onherstelbaar beschadigde rijtuig sBFk 4224 door twee kranen gelicht en 's nachts op een dieplader naar de Wph in Haarlem afgevoerd, waar het op 20 februari 1993 werd gesloopt. Met behulp van twee kranen en assistentie van de Amsterdamse ongevallenwagen met DEloc 2309 werden op 1 december de resterende rijtuigen herspoord en op het naastgelegen opstelterrein weggezet. In de nacht van 4 op 5 december werd ICM3 4038 naar Haarlem gesleept en de rijtuigen A+mB+mBDk 4224 volgden in de nacht van 11 op 12 december. Na herstel werd treinstel ICM3 4038 op 27 april 1993 door de Wph Haarlem afgeleverd terwijl bij de firma Talbot in Aken een nieuw rijtuig sBFk 4224 werd besteld. Het 2,6 miljoen gulden kostende rijtuig kwam in treinstel ICM 4224 op 8 maart 1994 weer op de baan.

Het vooroplopende sBFk-rijtuig 4224 van intercitytrein 2127 naar Vlissingen ligt 180 graden gedraaid, gekanteld en total loss in de spoorberm bij Hoofddorp. 30 november 1992. (foto Rob van Ee)

De ontsporing van intercity 2127 vond plaats kort voor het nieuw gelegde wissel 867B. Op de achtergrond is de S-boog als gevolg van de ontsporing ver naar buiten gedrukt. 30 november 1992. (foto Rob van Ee)
De ontspoorde intercity 2127, bestaande uit ICM 4038+4224, gezien in de rijrichting van de trein. Op de achtergrond is de tegentrein tijdig tot stilstand gekomen, Hoofddorp 30 november 1992. (foto Rob van Ee)

Vooraanzicht van de ontspoorde intercity 2127 bij Hoofddorp met in het midden het tijdelijk buiten dienst gestelde hoofdspoor richting Leiden. 30 november 1992. (foto Rob van Ee)

Scheef hangt het sBk-rijtuig 4038 tussen de sporen met op de achtergrond het gekantelde AB-rijtuig 4038. Hoofddorp, 30 november 1992. (foto Rob van Ee)

Enige uren na het spoorwegongeval in Hoofddorp is de voorzitter van de Spoorwegongevallenraad, Mr. P. van Vollenhoven, ter plaatse en zich laat informeren door de Algemeen Leider, Dhr. P. Boogaard. 30 november 1992. (foto Rob van Ee)

Met behulp van twee mobiele kranen worden de rijtuigen sBk 4038+mBDk 4224 herspoord. Hoofddorp, 1 december 1992. (foto Rob van Ee)

Gedurende de gehele dag waren hersporingsploegen in aktie om de ontspoorde rijtuigen van intercity 2127 af te voeren naar het opstelterrein in Hoofddorp. 1 december 1992. (foto Rob van Ee)

Herstel van het sBFk-rijtuig 4224 van intercity 2127 bleek niet meer mogelijk en werd op het terrein van de Wph Haarlem op 20 februari 1993 gesloopt. (foto Huub van Meurs)

INTERCITY BOTST OP VEEWAGEN NABIJ PUTTEN

Op 20 maart 1993 vond nabij Putten een overwegbotsing plaats tussen intercity 520 Zwolle-Amersfoort en een Engelse veewagen geladen met kalveren. De trein die was samengesteld uit ICM3 4085+4057+4007+4074 reed op het moment van de botsing 130 km/h en raakte de veewagen in de flank, waarbij de chauffeur en 20 kalveren werden gedood. Het mBDk-rijtuig 4085 raakte beschadigd en ging voor herstel naar de Wph in Haarlem. In de loop van de dag kwam de treindienst weer op gang.

(foto Nico Lollinga)

Bij een botsing op een met knipperlichten beveiligde overweg in het Brabantse Geffen tussen een personenauto en sneltrein 3637 Zwolle-Roosendaal ontstond op 29 maart 1993 een enorme ravage.

Van het Plan-T treinstel 512 ontspoorde het Bk1-rijtuig, reed zo'n 300 meter door de ballast, schaarde naar rechts het talud af en kwam haaks op de spoorbaan tot stilstand. Tevens werd een bovenleidingmast geraakt die door het dak drong. Hierdoor kwam een treinpassagier om het leven. Het BD-rijtuig helde over naar links en raakte aanzienlijk beschadigd. De overige schade betrof een automatische knipperlichtinstallatie van de overweg, 800 meter bovenleiding, 500 meter rails en dwarsliggers alsmede een zestal bovenleidingportalen. In de loop van de avond werden met behulp van een mobiele kraan de rijtuigen herspoord en afgevoerd naar de Wph in Haarlem. Daags na het ongeval werd de treindienst tussen Den Bosch en Oss weer hervat.

Het voorste rijtuig Bk1 512 van stoptrein 3637 kwam na de botsing bij Geffen in de spoorberm terecht. 29 maart 1993. (foto Marcel van Ee)

Met behulp van een mobiele kraan worden de ontspoorde rijtuigen van treinstel ELD4 512 gelicht. Geffen, 29 maart 1993. (foto Marcel van Ee)

Als gevolg van de overwegbotsing bij Geffen schaarde Bk1-rijtuig 512 naar rechts terwijl het BD-rijtuig scheef tussen de sporen kwam te staan. 29 maart 1993. (foto Marcel van Ee)

LOCOMOTOR GEMANGELD IN AMSTERDAMSE WESTHAVEN

Bij een rangeerbotsing in de Amsterdamse Westhaven werd op 27 mei 1993 locomotor 312 tussen twee rangeerdelen gemangeld. De sik was dermate geknikt dat transport naar de Wph in Tilburg per dieplader moest plaatsvinden. Ondanks de zware schade werd de locomotor weer hersteld.

(foto Marcel van Ee)

WERKTREIN BOTST BIJ BREUKELEN OP VRACHTWAGENCOMBINATIE

Op 1 juni 1993 kwam rond 5.30 uur een vrachtwagen met aanhanger op een overweg nabij Breukelen in botsing met een werktrein getrokken door locomotor 360. Dankzij de lage snelheid van de trein raakte niemand gewond maar de materiële schade was aanzienlijk. De locomotor kwam dwars over de sporen te staan. De vrachtauto belandde op zijn kant in de sloot en de aanhanger vernielde de overweginstallatie. Met behulp van een mobiele kraan en assistentie van de Utrechtse ongevallenwagen werd de licht beschadigde locomotor weer op de rails gezet en afgevoerd.

(foto Paul Loman)

BOTSING IN HET STATION VAN ARNHEM

Bij een botsing tussen twee treinen in het station Arnhem raakten op 2 juni 1993 vijf reizigers en een machinist licht gewond. Het ongeval ontstond toen trein 32109, bestaande uit Eloc 1107 met enkele bagagerijtuigen, bij binnenkomst op spoor 8b achter op de gereedstaande trein 2858, bestaande uit ELD2+4 385+776, botste. Ondanks de lage snelheid van de trein liepen zowel Eloc 1107 als ABDk-rijtuig 385 aanzienlijke frontschade op waarbij de locomotief overbufferde met het eerste rijtuig. Van de personentrein botste het Bk-rijtuig 385 door de koppeling heen tegen het Bk1-rijtuig 776, hierbij raakte op enkele plaatsen in de rijtuigen de vloer ontzet. Eloc 1107 werd in de Wph Tilburg weer hersteld maar de Mat'54-treinstellen Bk1 776 en ELD2 385 gingen in april 1995 naar de sloper in de Amsterdamse Westhaven.

Treinreizigers bekijken de schade aan locomotief 1107 en treinstel ELD2 385 nadat deze in het station van Arnhem op elkaar zijn gebotst. 2 juni 1993. (foto Carel van Gestel)

Als gevolg van de zware schade aan het ABDk-rijtuig 385 werd het treinstel voor sloop afgevoerd. Arnhem-Berg, 5 juni 1993. (foto Rob van Ee)

De schade aan locomotief 1107 werd in de Wph Tilburg hersteld. Arnhem-Berg, 3 juni 1993. (foto Carel van Gestel)

BOTSING MATERIEEL '54 TE UTRECHT OOSTZIJDE

Een rangeerbotsing in Utrecht heeft voor 12 rijtuigen Mat'54 grote gevolgen gehad. Op 23 juni 1993 werden rond het middaguur de treinstellen ELD4+4 785+758 naar het opstelterrein OZ gerangeerd en kwamen frontaal in botsing met de daar opgestelde treinstellen ELD2+4 337+739. Hoewel met lage snelheid werd gereden, waren de gevolgen in de vorm van materiële schade groot. Treinstel ELD2 337 werd gemangeld tussen ELD4 785 en de geremd staande ELD4 739. De beide cabines van het tweewagenstel werden zwaar beschadigd en de twee rijtuigen in elkaar geduwd. De rijtuigen van ELD4 739 werden van hun draaistellen afgeschoven, waarbij er vier ontspoorden. De cabine van het Bk-rijtuig 739 werd ingedrukt en de balkonvloeren in de meeste rijtuigen omhoog gedrukt. De kop van het BDk-rijtuig 785 knakte naar beneden, het B-rijtuig dat zich in de bocht van een wissel bevond, boorde zich schuin in het BDk-rijtuig en raakte zwaar beschadigd. Doordat ook het BDk-rijtuig 758 op de Bk 785 botste, liepen de rijtuigen van deze treinstellen ook schade op. Na een moeizame berging door de ongevallenploeg Utrecht werd besloten om de treinstellen ELD2+4+4 337+739+758 rechtstreeks naar de sloperij Hollandia in de Amsterdamse Westhaven te brengen. Treinstel ELD4 785 ging ter inspectie naar de Wph te Haarlem, waar het werd opgeknapt met behulp van enkele rijtuigen van het bij Arnhem op 2 juni 1993 beschadigde treinstel ELD4 776. Op 4 november 1993 kwam treinstel EL4 785, bestaande uit de rijtuigen Bk2+B 776+A+Bk 785, weer op de baan.

Boven: Als gevolg van de botsing in Utrecht raakte van treinstel 785 de rijtuigen BDk+B ernstig beschadigd. 28 juni 1993. (foto Nico Lollinga).

Links: Met schade aan het BDk-rijtuig staat ELD4 758 in de Amsterdamse Westhaven gereed voor vervoer naar de sloper. 9 juli 1993. (foto Rob van Ee).

Rechts: Na de botsing in Utrecht ging treinstel ELD4 739 met schade aan het Bk-rijtuig naar de Amsterdamse Westhaven. 9 juli 1993. (foto Rob van Ee)

STOPTREIN BOTST OP LANDBOUWMACHINE BIJ DORDRECHT

Op een met knipperlichten beveiligde overweg in Dordrecht-Zuid kwam op 23 juli 1993 rond 23.15 uur stoptrein 5487 in botsing met een landbouwvoertuig, waarvan de bestuurder ernstig gewond raakte.
Het zware voertuig, een graandorsmachine, kwam op de smalle overweg in problemen doordat het enkele malen heen en weer moest steken. De stoptrein Amsterdam-Breda boorde zich in de flank van de machine, waarbij het Bk2-rijtuig 503 ontspoorde en zwaar beschadigd raakte. Met assistentie van de hersporingsploeg van Rotterdam-Feijenoord werd treinstel ELD4 503 herspoord en afgevoerd naar het emplacement van Dordrecht. In de nacht van 30 op 31 juli 1993 werd de trein naar de Wph in Haarlem gesleept, die ELD4 503 op 26 juli 1994 met een nieuwe kop op het Bk2-rijtuig afleverde.

(foto Rob van Ee)

BRANDSCHADE ELOC NA BOTSING MET AUTO

Op een overweg nabij Liempde kwam op 12 augustus 1993 locomotief 1309 met in opzending locs 1124+1127 en goederentrein 57810 in botsing met een auto, die in brand vloog. Als gevolg hiervan liep de loc ernstige brandschade op en werd voor herstel naar de Wph Tilburg gesleept. 24 augustus 1993.

(foto Egbert van Werkhoven)

ONTSPORING GOEDERENTREIN BIJ LAGE ZWALUWE

Op 27 oktober 1993 ontspoorde bij Lage Zwaluwe het voorste gedeelte van een goederentrein, die o.a. gevaarlijke stoffen vervoerde. Bij het ongeval, op een hogesnelheidswissel dat de aftakking vormt naar de vrije kruising aldaar, liepen Eloc 1127 en vier ketelwagens met lage snelheid uit de rails. Aangezien twee ketelwagens met gevaarlijke stoffen gekanteld waren en er tevens een afsluiter lekte, werd uit voorzorg de wijde omgeving afgezet.
Met inzet en onder leiding van de hersporingsploeg van Rotterdam-Feijenoord werd een deel van de trein afgevoerd naar het emplacement Kijfhoek. In de loop van de nacht werden de ketelwagens met behulp van mobiele kranen herspoord en tevens 100 meter vernield spoor vervangen. Het treinverkeer werd op 29 oktober weer hervat.

Overzicht van de ontsporing bij Lage Zwaluwe met op de achtergrond locomotief 1127. 27 oktober 1993. (foto Egbert van Werkhoven)

Assistentie werd verleend door de hersporingsploeg van Rotterdam-Feijenoord met de ongevallenwagen getrokken door DE-loc 2377. 27 oktober 1993. (foto Egbert van Werkhoven)

OVERWEGBOTSING MET GROTE GEVOLGEN IN ZAANDAM

Even na 21.00 uur vond op kerstavond 1993 een ernstig ongeval plaats op de beveiligde overweg in de Provinciale Weg te Zaandam tussen een personenauto en een dubbeldeksstoptrein Amsterdam-Enkhuizen. De auto, die tijdens een inhaalmanoeuvre drie voor de overweg stilstaande auto's passeerde, botste tegen het voorste draaistel van het vooroplopende stuurstandrijtuig Bvk 270 7061 van trein 4583. Het rijtuig ontspoorde, reed een tiental meters door de ballast en schaarde op het enkelsporige baanvak naar links waarbij het frontaal in botsing kwam met een dubbele pijler van het naastgelegen spoorviaduct. Het tweede rijtuig Bv 280 7283 werd door de kracht van de opstuwende en achteroplopende Eloc 1768 tegen de achterzijde van het Bvk-rijtuig gedrukt en schoot naar rechts waarbij het dwars over de spoorbaan in een naastgelegen sloot terecht kwam. Het rijtuig boorde zich met de kop diep in de modderige sloot en bleef juist boven een aantal gasleidingen steken. Het derde rijtuig Bv 280 7284 kantelde half naar de linkerzijde terwijl het vierde rijtuig ABv 380 7563 met slechts een as ontspoorde, Eloc 1768 bleef in het spoor. Bij dit ongeval kwam een reiziger om het leven en werd een tweede zeer zwaar gewond, tevens vielen er 11 gewonden waaronder de machinist, een conducteur en de bestuurder van de auto. In de kerstnacht werd door de hersporingsploegen uit Utrecht en Amsterdam in samenwerking met het kraanbedrijf Saan het half gekantelde rijtuig Bv 280 7284 met mobiele kranen herspoord en samen met rijtuig ABv 380 7563+Eloc 1768 naar het emplacement van Zaandam afgevoerd.
Op 25 december werd een aanvang gemaakt met de berging van de overige twee rijtuigen. Nadat de sloot rondom het ontspoorde rijtuig gedeeltelijk was leeggepompt en afgesloten, werd dit gedeelte volgestort met ongeveer 800 m^3 zand. Aan de andere zijde van de rijtuigen werd een houten plateau aangelegd waarop twee mobiele kranen van resp. 400 en 140 ton veilig konden werken. Met behulp van deze kranen werden in de loop van eerste kerstdag de rijtuigen Bv 280 7283 en Bvk 270 7061 geborgen. De onbeschadigde locomotief 1768 ging naar de Wph Tilburg en in de nacht van 28 op 29 december werden alle rijtuigen afgevoerd naar Haarlem. Op 7 januari 1994 sleepte DEloc 6401 de rijtuigen ABv 380 7563+Bv 280 7284+7283 naar de Wph Tilburg en in de daarop volgende nacht werd het zwaar beschadigde stuurstandrijtuig Bvk 270 7061 door Eloc 1605 overgebracht. Na herstel van de spoorbaan kwam het baanvak op 28 december 1993 weer in dienst. Herstel van de rijtuigen en met name het stuurstandrijtuig was een klus van formaat.
Onmiddellijk na het ongeval kwam er een discussie op gang omtrent de zichtbaarheid van de overweg die gelegen is in een drukke provinciale weg en ten dele door het naastgelegen spoorviaduct en de ter plaatse aanwezige verkeerslichten aan het oog onttrokken zou worden. Teneinde de zichtbaarheid te verbeteren werd naast de knipperlichtinstallatie van de overweg ook een portaal met rode knipperlichten boven de overweg aangebracht. Tevens is er een permanente snelheidsbeperking van 40 km/h voor het treinverkeer van kracht, hetgeen een wel heel uitzonderlijke maatregel betreft dat het treinverkeer zich op een beveiligde overweg dient aan te passen aan het wegverkeer.

Na de ontsporing in Zaandam botste het stuurstandrijtuig Bvk 270 7061 frontaal tegen een betonnen pijler van het spoorviaduct en raakte zwaar beschadigd. 24 december 1993. (foto Marcel van Ee)

Haaks op de spoorbaan staat stuurstandrijtuig Bvk 270 7061 onder het spoorviaduct in Zaandam met rechts het half gekantelde rijtuig Bv 280 7284. 24 december 1993. (foto Marcel van Ee)

Achteraanzicht van het vooroprijdende stuurstandrijtuig dat door een schaarbeweging van de overige rijtuigen is losgeschoten. Op de achtergrond het enkelsporige spoorviaduct voor de treinen richting station Zaandam. 24 december 1993. (foto Marcel van Ee)

Het tweede rijtuig Bv 280 7283 boorde zich 1.50 meter diep in de walkant van een naast de spoorbaan gelegen sloot, rechts het stuurstandrijtuig Bvk 270 7016. 24 december 1993. (foto Marcel van Ee)

In de kerstnacht werd de sloot rondom de ontspoorde rijtuigen met zand gedempt, teneinde de berging met behulp twee mobiele kranen mogelijk te maken. Opname gezien vanaf het spoorviaduct te Zaandam. 25 december 1993. (foto Rob van Ee)

Front- en zij-aanzicht van het zwaar beschadigde stuurstandrijtuig Bvk 270 7061 daags na de ontsporing in Zaandam. 25 december 1993. (foto's Rob van Ee)

Om de mobiele kranen veilig te kunnen plaatsen, werd er door middel van houten schotten een stevig plateau gebouwd tussen het spoorviaduct en de ontspoorde rijtuigen. Met rechts een 400-tons en links een 140-tons kraan werden de rijtuigen geborgen. 25 december 1993. (foto Marcel van Ee)

RANGERENDE LOCOMOTIEF BOTST BIJ DEN HAAG CS OP INTERCITY

Onmiddellijk na vertrek uit het Haagse Centraal Station kwam op 5 februari 1994 intercitytrein 565 bijna frontaal in botsing met een rangerende locomotief. Eloc 1739 kwam van het opstelterrein Binckhorst en botste in een wissel op de juist vertrekkende ICM3+3 4026+4065. De locomotief liep aan de linker voorzijde ernstige schade op en werd afgevoerd naar het opstelterrein Binckhorst. Het vooroplopende sBk-rijtuig 4026 raakte eveneens aan de linker voorzijde zwaar beschadigd en ontspoorde met een draaistel, tevens raakte de deels ontspoorde rijtuigen AB+mBDk 4026 ernstig aan de koppelzijde beschadigd. Bij de botsing raakte 21 personen, waaronder de machinist van de intercity, licht gewond. Zowel locomotief 1739 als de ICM3 4026 werden weer hersteld.

Bijna frontaal botste op 5 februari 1994 de rangerende locomotief 1739 op de uit het Haagse Centraal Station vertrekkende intercity ICM 4026. (foto Nico Lollinga)

Door de botsing met locomotief 1739 werden tevens de sBk+AB-rijtuigen 4026 ernstig beschadigd en ontkoppelden spontaan. Den Haag, 5 februari 1994. (foto Nico Lollinga)

PERSONENAUTO BOTST OP STOOMLOCOMOTIEF

In de avond van 27 mei 1994 kwam op een overweg in Zwaag een personenauto in botsing met een stoomlocomotief van de Stoomtram Hoorn-Medemblik. Stoomloc 16 die met de “Candelight-Express” onderweg was naar Hoorn stopte volgens voorschrift voor de onbewaakte overweg, waarna een begeleider in geel vest het wegverkeer een stopteken gaf door middel van een rode vlag en de trein liet oprijden. Toen de stoomloc luid fluitend de overweg opreed kwam deze in botsing met een plotseling passerende personenauto. Door de lage snelheid van de trein raakte niemand gewond maar het duurde geruime tijd voor een kraanwagen de auto uit de buffers van de locomotief had getrokken.

(foto's Rob van Ee)

PLAN V ONTSPOORD OP LELYSTAD-OPSTELTERREIN

Tijdens rangeerwerkzaamheden op het opstelterrein Lelystad raakte op 11 september 1994 treinstel ELP2 857 het spoor bijster. Als gevolg van een foutieve wisselstand kwam het treinstel op twee sporen terecht, schaarde hierdoor en ontspoorde het BPk-rijtuig met het tweede draaistel. Na enige vijzelwerkzaamheden kwam het treinstel weer op het juiste spoor.

(foto's Marcel van Ee)

DIESELTREIN BOTST 's NACHTS OP KUDDE KOEIEN NABIJ LEEUWARDEN

In de nacht van 15 op 16 september 1994 botste om 02.00 uur leeg materieeltrein 84151 nabij een overweg tussen Leeuwarden-Camminghaburen en Tietjerk op een kudde loslopende koeien, waarvan er vier werden gedood. De machinist kwam met de schrik vrij. Van de trein, bestaande uit DH1+2+2+1+ICM3:3110+3209+3214+3111+4090, ontspoorden er een drietal treinstellen doordat de koeien bekneld raakten tussen het draaistel van het voorste treinstel en de stelconplaten van de ter plaatse aanwezige overweg. Het voorste treinstel DH1 3110 reed naar rechts het talud af, brak van de trein, draaide 180 graden over de naastgelegen sloot en belandde op de zijkant langs de spoorbaan. Het tweede en derde dieseltreinstel 3209 & 3214 schoven een tiental meters door waarbij het B-rijtuig 3209 links in de sloot terecht kwam en het Bz-rijtuig 3209, gekoppeld aan het Bz-rijtuig 3214, op het enkelsporige baanvak schaarde. De overige treinstellen B-rijtuig 3214, DH1 3111 & ICM3 4090 bleven in het spoor. Zij werden in de ochtenduren van 16 september door de treinstellen 3205+3105+3116+3223 naar Leeuwarden terug gesleept.
Aangezien ter plaatse met behulp van zand en betonnen platen een noodrijweg voor de mobiele kranen moest worden aangelegd, duurde het tot de volgende dag alvorens de rijtuigen geborgen konden worden. De beschadigde treinstellen werden door DEloc 6456 naar Leeuwarden afgevoerd en naast de losweg geplaatst. Assistentie werd verleend door de hersporingsploeg van Zwolle met DEloc 6416 en een ongevallenwagen. Op 18 september werd het treinverkeer tussen Leeuwarden en Groningen weer hervat. Aangezien het transport van de beschadigde treinstellen per spoor niet mogelijk bleek, besloot men om het vervoer naar het Rb in Tilburg over de weg te laten plaatsvinden. Op 28 september 1994 arriveerden drie diepladers en een mobiele kraan op de losweg in Leeuwarden. Nadat rijtuig Bz 3209 op een dieplader was geplaatst bleek de combinatie te hoog en moest het transport worden geannuleerd. Twee dagen later waren de problemen opgelost en werden de drie treinstellen in konvooi via de rijkswegen A6 en A28 naar het Rb in Tilburg overgebracht en weer hersteld. Als gevolg van dit ongeval werd besloten om, in navolging van de intercity-treinstellen, ook al het dieselhydraulisch materieel van een baanruimer te voorzien. Met enig feestelijk vertoon kwamen op 12 december 1996 de eerste twee DH-stellen 3101 en 3102 voorzien van een baanruimer in dienst op de Noordelijke diesellijnen.

Overzicht van de ontspoorde dieseltreinen nabij Tietjerk, rechts het vooroplopende treinstel DH1 3110. 16 september 1994. (foto Rob van Ee)

Het voorste treinstel DH1 3110 van de ontspoorde trein bij Tietjerk ligt naast de spoorbaan, de machinist kwam met de schrik vrij. 16 september 1994. (foto Rob van Ee)

Gekantelde rijtuigen Bz 3214 (links) en Bz 3209 op het enkelsporige baanvak bij Tietjerk. 16 september 1994. (foto Rob van Ee)

Hersporingsmedewerkers in aktie bij de ontsporing bij Tietjerk, links het dak van DH1 3110 met op de achtergrond rijtuig Bz 3209. 16 september 1994. (foto Rob van Ee)

Daags na de ontsporing bij Tietjerk wordt het Bz-rijtuig 3209 door een mobiele kraan geborgen en op de rails geplaatst. (foto Rob van Ee)

Op 30 september 1994 staan op de Leeuwardense losweg drie beschadigde DH-stellen op diepladers gereed voor transport naar het Rb Tilburg. Van links naar rechts Bz 3209, DH1 3110 en B 3209. (foto Rob van Ee)

De drie diepladers hebben zojuist de afslag Almere Stad verlaten en draaien onder de rijksweg A6 door in de richting van de Stichtse Brug. 30 september 1994. (foto Rob van Ee)

LOCOMOTIEF BOTST TEGEN VUILCONTAINER

Bij Maarssen botste op 20 september 1994 Eloc 1207 van de intercitytrein 960 Heerlen-Zandvoort op een vuilcontainer die dwars op de laatste wagon van ACTS-trein 57235 stond. De locomotief raakte ernstig beschadigd evenals een drietal bovenleidingmasten en 150 meter bovenleiding, echter niemand werd gewond. De locomotief werd op 22 september via Utrecht naar het Rb Tilburg gesleept, waar de loc niet meer werd hersteld en op 2 december 1997 naar de sloper werd afgevoerd.

(foto Nico Lollinga)

SPRINTER BOTST OP PERSONENAUTO NABIJ BEESD

Op een overweg nabij Beesd botste op 30 september 1994 Sprinter 2853 als stoptrein 7134 naar Dordrecht op een personenauto. Met schade aan het Bk1-rijtuig werd het treinstel teruggesleept naar Geldermalsen.

(foto Nico Lollinga)

ACHTERUITRIJDENDE AUTO KOMT IN BOTSING MET DIESELLOCOMOTIEF

Voor de lens van de camera vond, op 7 maart 1995 bij het raccordement Harderwijk-haven, een merkwaardige botsing plaats tussen een personenauto en een goederentrein. Op een met lichten beveiligde overweg reed een personenauto vlak voor de goederentrein langs naar een voorsorteervak (1). Onmiddellijk daarna kwam de auto achteruit weer terugrijden aangezien, althans volgens de bestuurder, hij in het verkeerde vak stond voorgesorteerd. Locomotief 6445 was inmiddels met de goederentrein opgetrokken en een botsing met de auto was onvermijdelijk (2). Ongedeerd, maar geschrokken, werd de automobilist door het treinpersoneel uit zijn aanzienlijk gehavende auto gehaald (3).

(foto's Marcel van Ee)

POSTTREIN NA KORTSLUITING UITGEBRAND

In de nacht van 16 op 17 maart 1995 brak, als gevolg van kortsluiting, brand uit in motorposttrein mP 3008 die met trein 50905 van Zwolle onderweg was naar Deventer en tot stilstand kwam bij Wijhe. Naast zo'n 200.000 poststukken brandde de posttrein nagenoeg volledig uit en werd terug gesleept naar het Ob Zwolle, waar de PTT de eventuele bruikbare post selecteerde. Op 23 maart werd de motorposttrein overgebracht naar het Rb Haarlem, waarna DEloc 6497 de mP 3008 op 16 mei 1996 naar de Watergraafsmeer sleepte en op 20 mei 1996 naar de sloperij Hollandia in de Amsterdamse Westhaven overbracht. Sedert de indienststelling in 1965/66 van dit type posttrein is mP 3008 het vierde exemplaar dat door een brand werd verwoest. Motorposttrein 3010 brandde op 18 juli 1970 uit na een overwegbotsing in Nunspeet, mP 3021 op 13 oktober 1970 in Beek-Elsloo en mP 3035 na brandstichting in Haarlem op 21 augustus 1990.

Geheel door brand verwoest staat mP 3008 op het opstelterrein van het Ob Zwolle. 22 maart 1995. (foto Georg Groenveld)

Op 16 mei 1996 werd mP 3008 door DE-loc 6497 van Haarlem, via de Watergraafsmeer, naar de sloper in de Amsterdamse Westhaven overgebracht. Haarlemmerliede. (foto Marcel van Ee)

(foto Nico Lollinga)

POSTTREIN RIJDT BIJ UTRECHT-GE OP TWEE SPOREN

Op 10 april 1995 reed op het emplacement Utrecht-GE posttrein mP 3018 op twee sporen en ontspoorde daardoor met een draaistel. Met behulp van wat vijzelwerk en assistentie van DEloc 6514 kwam de posttrein weer op het juiste spoor.

(foto Nico Lollinga)

STOPTREIN ONTSPOORD NA BOTSING OP OVERWEG IN TRICHT

Als gevolg van een botsing met een personenauto op een met knipperlichten beveiligde overweg in Tricht, ontspoorde op 4 mei 1995 stoptrein 9652 van Eindhoven naar Utrecht met een draaistel.
Het treinstel bestaande uit ELP2+2 845+906 schoof 200 meter door de ballast en schampte enkele bovenleidingmasten waarbij het ABk-rijtuig 845 aanzienlijke schade opliep. De bestuurder van de personenauto kwam met de schrik vrij. De hersporing werd verricht door de ongevallenploeg uit Utrecht die tevens met DEloc 6408 het treinstel naar de losweg in Utrecht sleepte. In het Rb Haarlem werd het rijtuig weer hersteld.

(foto Rob van Ee)

STOPTREIN ONTSPOORD OP NOORD-ZUID TRAJECT

Op 16 mei 1995 kwam ter hoogte van de brugpost Nieuwersluis een personenauto op een bewaakte overweg in botsing met stoptrein 7364 van Utrecht naar Amsterdam CS. Het treinstel bestaande uit ELP2+2 937+465 ontspoorde met een draaistel, schoof 500 meter door de ballast en vernielde enkele spoorstaven, een wissel en een bovenleidingmast, waardoor het BPk-rijtuig 937 beschadigd raakte. Met behulp van een mobiele kraan werd in de loop van de avond het treinstel op het spoor gezet en overgebracht naar het Rb Haarlem, waar herstel volgde.

BRANDSCHADE NA OVERWEGBOTSING IN BERGEN OP ZOOM

Op 24 oktober 1995 botste op een overweg in Bergen op Zoom stoptrein 14647 naar Vlissingen, bestaande uit treinstellen ELD2+2 429+809 op een personenauto. Hierbij vloog de auto, die klem onder het ABDk-rijtuig 429 kwam te zitten, in brand en beschadigde het rijtuig aanzienlijk. Daags na de botsing werd het treinstel ELD2 429 naar het Rb Haarlem gesleept. Willemsdorp, 25 oktober 1995.

(foto Marcel van Ee)

BOTSING OP OVERPAD BIJ HOLLANDSCHE RADING

Bij een botsing op 29 oktober 1995 tussen een personenauto en stoptrein 25753 van Hilversum naar Utrecht ontspoorde op een overpad nabij Hollandsche Rading Sprinterdrie treinstel 2852 met het voorste draaistel van het Bk2-rijtuig. Doordat het treinstel niet van de spoordijk reed bleef de schade beperkt en werden de voor dit baanvak zo markante bovenleidingportalen niet beschadigd. Met assistentie van de Utrechtse ongevallenwagen getrokken door DEloc 6426 werd het draaistel weer herspoord.

(foto Rob van Ee)

ZIJDELINGSE AANRIJDING NABIJ AMSTERDAM CS

Op 12 december 1995 kwam een zojuist uit het Amsterdamse Centraal Station vertrokken leeg treinstel in de wisselstraat van het Oostelijk Eiland zijdelings in botsing met een binnenkomende lege trein die bestemd was voor de Eurocity 141. Door de lage snelheid van beide treinen beperkte de schade aan de EC-trein zich tot de zijwanden van twee Duitse Eurocity-rijtuigen. De achterop meegesleepte Eloc 1626 botste rechts voor op het Sprinterdrie-treinstel 2875 dat aan de rechter voorzijde aanzienlijke schade opliep en tevens met een draaistel ontspoorde. Nadat de locomotief terug was gereden naar het opstelterrein Dijksgracht kon de hersporingsploeg uit Utrecht de Sprinter weer in het spoor zetten. Zowel het treinstel als de locomotief werden weer hersteld van de opgelopen schade.

Overzicht van de zijdelingse botsing tussen Eloc 1626 en Sprinter 2875 op het Oostelijk Eiland, even buiten het Amsterdamse Centraal Station. 12 december 1995. (foto Rob van Ee)

Eurocity 141 is inmiddels weggesleept terwijl Eloc 1626 iets is terug gezet. Links het ontspoorde Bk2-rijtuig 2875 op het Oostelijk eiland in Amsterdam. 12 december 1995. (foto Rob van Ee)

Zij-aanzicht van het Bk2-rijtuig 2875 met rechts Eloc 1626 op het Oostelijk Eiland in Amsterdam. 12 december 1995. (foto Rob van Ee)

Als gevolg van de botsing op het Oostelijk Eiland ontspoorde tevens het AB-rijtuig 2875 met een draaistel. Op de achtergrond het Amsterdamse Centraal Station. 12 december 1995. (foto Rob van Ee)

FRONTALE BOTSING TE ALMELO

Daags na de aanrijding in Amsterdam botste op het stationsemplacement van Almelo een dieseltrein frontaal op een locomotief met een goederentrein. Dieseltreinstel DE2 169 kwam als spitstrein 8460 uit Vroomshoop en reed met lage snelheid een zijspoor op, waar Eloc 1643 met een goederentrein gereed stond voor een rangeerbeweging. Bij de frontale botsing die volgde werd de cabine van het Bk-rijtuig 169 volledig ingedrukt en ontspoorde met een draaistel. Eloc 1643 raakte minder ernstig beschadigd en ontspoorde gedeeltelijk, terwijl de eerste goederenwagon geheel naast de rails kwam te staan. Acht personen raakte gewond, waaronder de machinisten die tijdig hun cabines konden verlaten.

Na de hersporingswerkzaamheden werden zowel DE2 169 als Eloc 1643 afgesteld op het emplacement van Almelo. Op 14 december ging de locomotief voor herstel naar het Rb in Tilburg. DE2 169 werd overgebracht naar het Ob Zwolle waar alle apparatuur en interieur uit het treinstel werd verwijderd. In de nacht van 23 op 24 augustus 1996 werd DE2 169 door ELD4 765 van het Ob Zwolle naar de Watergraafsmeer overgebracht en arriveerde drie dagen later bij sloperij Hollandia in de Amsterdamse Westhaven. Op 16 september 1996 werd de cabine van het ABk-rijtuig per dieplader afgeleverd in de tuin van een spoorwegliefhebster bij de voormalige wachtpost Waterhuizen-aansluiting in Groningen.

De 84 ton zware Eloc 1643 heeft de Bk-cabine van dieselstel 169, die door de machinist tijdig werd verlaten, volledig platgedrukt. Almelo, 13 december 1995. (foto Guus Ferrée)

Daags na de frontale botsing met Eloc 1643 staat dieselstel 169 met zware schade aan het Bk-rijtuig in Almelo afgesteld. 15 december 1995. (foto Nico Lollinga)

TREINSTEL BOTST OP HOOIWAGEN BIJ BODEGRAVEN

Op een overweg nabij Bodegraven botste op 22 juli 1996 de stoptrein 9960 van Utrecht naar Leiden op een overstekende tractor met hooiwagen. Als gevolg van de botsing met de aanhangwagen, beladen met hooi, ontspoorde het Bk1-rijtuig 530 met een draaistel en vernielde enige tientallen meters spoorrails.
Na hersporing werd het beschadigde treinstel afgesleept naar het Rb Haarlem, die het treinstel ondanks zijn ouderdom van 30 jaar toch weer herstelde.

(foto's Marcel van Ee)

Met een totaal vernielde cabine is stuurstandrijtuig Bvk 270 7016 tegen een stalen draagbalk van de voetgangerstraverse tot stilstand gekomen. Amersfoort, 5 december 1996. (foto Rob van Ee)

Op 5 december 1996 ontstond op het station Amersfoort rond 10.25 uur een enorme ravage toen de stoptrein 5831 van Enkhuizen naar Amersfoort bij binnenkomst op spoor 22 niet tijdig tot stilstand kwam. De dubbele DD-AR combinatie, bestaande uit treinstammen 7316 en 7323 die met de Elocs 1728 en 1717 gekoppeld in het midden reden, schoot door het stootjuk heen het perron op. Doordat het stootjuk kantelde werd het vooroplopende stuurstandrijtuig Bvk 270 7016 schuin omhoog tegen een zware stalen draagbalk aan de onderzijde van de voetgangerstraverse gedrukt. Tevens werden een aantal achter het stootjuk staande bagagekluizen omver gereden en beschadigd. Slechts drie personen, waaronder de machinist, liepen lichte verwondingen op. De schade aan het stuurstandrijtuig Bvk 270 7016, waarvan een deel van de bovenbouw werd weggeslagen, was groot. Doordat dit rijtuig schuin achterover stond werden ook de rijtuigen ABv 380 7543 en Bv 280 7231 aan de bovenzijde beschadigd. Nadat met behulp van het ongevallenploeg Utrecht alle op het spoor staande rijtuigen en locs waren weggesleept, kon men aan de moeilijke berging van het stuurstandrijtuig beginnen. Aangezien het onmogelijk was om een mobiele kraan op het perron te plaatsen en manoeuvreren tussen de beide perronwanden te moeilijk bleek, werd gekozen voor een andere oplossing.

In de loop van de avond werd de ruimte tussen het rijtuig en spoor opgevuld met ruim 200 dwarsliggers zodat er een helling ontstond waarlangs het rijtuig, met behulp van een diesellocomotief, langzaam naar beneden kon zakken. In de ochtend van 6 december stond het rijtuig weer op het spoor en kon worden afgevoerd naar het Rb Haarlem.
In de nacht van 6 op 7 februari 1997 werd Bvk 270 7016 naar het Rb Tilburg overgebracht waar het rijtuig zal worden hersteld.

Als gevolg van het kantelen van het stootjuk is stuurstandrijtuig Bvk 270 7016 schuin omhoog gedrukt. Amersfoort, 5 december 1996. (foto Rob van Ee)

NS-medewerkers bekijken de ravage nadat stoptrein 5831 op spoor 22 van het station Amersfoort door het stootjuk is gereden en tegen de voetgangerstraverse is gebotst. 5 december 1996. (foto Rob van Ee)

Algemeen Dagblad.
Vertrek
Spoor
22

Foto linker pagina:
Enige meters boven spoor 22 hangt stuurstandrijtuig Bvk 270 7016 tegen de voetgangerstraverse. Ook de schade aan de bagagekluizen op de achtergrond is groot. Amersfoort, 5 december 1996. (foto Rob van Ee)

Bij de herstelwerkzaamheden aan Bvk 270 7016 in het Rb Tilburg is duidelijk zichtbaar dat het rijtuig aan de cabinezijde krom is. 26 maart 1997. (foto Rob van Ee)

DM'90 TREINSTEL ONTSPOORD OP WISSEL IN ARNHEM

Tijdens een rangeerbeweging op het tractieterrein Arnhem-Berg ontspoorde op 21 maart 1997 het DM'90 treinstel 3421 met een draaistel op een wissel. Met behulp van de Utrechtse hersporingsploeg, die met de ongevallenwagen getrokken door DEloc 6491 ter plaatse kwam, werd het treinstel weer herspoord.

(foto Carel van Gestel)

Als gevolg van de botsing met de staaltrein bij Leiden boorde het vooroplopende mBvk-rijtuig 290 8628 van trein 2625 zich diep in de ballast en raakte ernstig beschadigd. (foto Paul Dijkman)

Nadat een aantal staalwagens van trein 47657 waren verwijderd is de schade aan de zijwanden van het ontspoorde IRM-treinstel 8464 duidelijk zichtbaar. (foto collectie Rob & Marcel van Ee)

In de ochtend van 3 juli 1997 botste op het emplacement aan de noordzijde van station Leiden IRM-treinstel 8464 tegen de beladen staaltrein 47657, getrokken door Eloc 1310, die onderweg was van de Hoogovens naar België. Treinstel 8464 reed als trein 2625 van Schiphol naar Den Haag CS en raakte zijdelings de staaltrein die, komende uit de richting Haarlem, overstak richting Den Haag HS. Het gevolg was dat het IRM-treinstel werd gemangeld tussen enkele staalwagens en een bovenleidingportaal, waarbij drie rijtuigen ontspoorden en ernstige schade aan de zijwanden opliepen. Met behulp van mobiele kranen werd treinstel 8464 herspoord en voor herstel afgevoerd naar het Rb te Haarlem.

De zware staalwagens drukte het ABv-rijtuig van treinstel 8464 tegen een bovenleidingmast, waarbij het complete portaal knikte en de bovenleiding brak. (foto collectie Rob & Marcel van Ee)

Met behulp van twee mobiele kranen werd in de vooravond van 3 juli 1997 het mBvk-rijtuig 290 8628 weer op de rails geplaatst. (foto collectie Rob & Marcel van Ee)

SNELTREIN SCHAMPT LEGE STOPTREIN TE HOOFDDORP

Op 25 juli 1997 kwam ter hoogte van het opstelterrein Hoofddorp sneltrein 2642 (Den Haag CS-Amsterdam CS) zijdelings in botsing met leeg materieeltrein 15742. De sneltrein, bestaande uit IRM-treinstel 8467, passeerde met enige vertraging het opstelterrein vanwaar op dat moment treinstam 7304 met de achteroplopende Eloc 1742, zonder voorrang te verlenen, het hoofdspoor opreed. Treinstel 8467 schampte het vooroplopende Bvk-rijtuig 270 7004 van trein 15742, dat opzij werd geworpen en geheel ontspoord tegen een bovenleidingmast tot stilstand kwam. Van het IRM-treinstel 8467, dat na enige honderden meters tot stilstand kwam, ontspoorde het ABv-rijtuig met één draaistel en raakte over de gehele lengte aan de zijwand beschadigd. Er vielen vijf lichtgewonden. In de loop van de avond werden de beide treinstellen herspoord en voor herstel van de schade afgevoerd naar het Rb Haarlem.

Naast het spoor geworpen hangt Bvk-rijtuig 270 7004 van trein 15742 schuin in het ballast, waarbij tevens een bovenleidingmast werd geraakt. (foto collectie Rob & Marcel van Ee)

Foto's rechter pagina:

Twee opnamen gezien vanuit het hoofdspoor waarbij de wisselstand aangeeft dat de leeg materieeltrein 15742 ten onrechte voorrang had willen nemen. (foto's collectie Rob & Marcel van Ee)

Hellend onder een hoek van 30 graden hangt Bvk-rijtuig 270 7004 van treinstam 7304 in de ballast, ter hoogte van de plaats waar de zijdelingse botsing plaats vond. (foto collectie Rob & Marcel van Ee)

2
7304

Foto linker pagina:
Als gevolg van de botsing nabij het opstelterrein te Hoofddorp kwam Bvk-rijtuig 270 7004 tegen een bovenleidingmast tot stilstand. (foto collectie Rob & Marcel van Ee)

Met schade aan de zijwanden van vier rijtuigen kwam IRM-treinstel 8467 enige honderden meters na de zijdelingse botsing te Hoofddorp tot stilstand. (foto collectie Rob & Marcel van Ee)

Van IRM-treinstel 8467 ontspoorde slechts het ABv-rijtuig met één draaistel. (foto collectie Rob & Marcel van Ee)

TWEE TREINEN BOTSEN IN WASSTRAAT BIJ STATION ENSCHEDE

In de vroege ochtend van 21 augustus 1997 botsten in de wasstraat op het emplacement van Enschede twee treinen frontaal op elkaar.
De botsing ontstond toen DE3 133 de wasmachine in reed terwijl het zojuist gewassen ICM-treinstel 4048 zich daar nog bevond. Door de klap werd het ABk-rijtuig 133 aanzienlijk beschadigd terwijl het sBk-rijtuig 4048 lichte schade opliep. Daags na het ongeval werd ICM 4048 voor herstel overgebracht naar het Rb Haarlem. Dieseldrie 133 werd naar het Ob Zwolle overgebracht, waar het beschadigde ABk-rijtuig werd gewisseld met het terzijde staande ABk-rijtuig 144. In afwijking van de regel behield het stel het nummer 133 en zal DE3 144 worden afgevoerd naar de sloper.

(foto's Guus Ferrée)

AUTO BOTST TEGEN STOPTREIN IN SOEST

Als gevolg van de laagstaande zon reed op 22 oktober 1997 een personenauto op een met knipperlichten beveiligde overweg in Soest tegen de stoptrein Baarn-Utrecht. Sprinter El3 2895 sleepte de auto enige tientallen meters mee en drukte deze tegen een bovenleidingmast. Wonder boven wonder kwam de automobiliste ongedeerd uit het autowrak te voorschijn. Overigens betrof dit het derde ongeval dit jaar op deze overweg waarbij de zon het wegverkeer parten speelde.

(foto's Marcel van Ee)

VERKLARING VAN DE GEBRUIKTE AFKORTINGEN

Wph	-	hoofdwerkplaats
Wpl	-	lijnwerkplaats
Rb	-	revisiebedrijf (m.i.v. 1-1-1994)
Ob	-	onderhoudsbedrijf (m.i.v. 1-1-1994)
A	-	rijtuig 1e klasse
B	-	rijtuig 2e klasse
Bk	-	koprijtuig 2e klasse
BDk	-	kop-bagagerijtuig 2e klasse
BPk	-	kop-postrijtuig 2e klasse
ABDk	-	kop-bagagerijtuig 1/2e klasse
mBDk	-	kop-bagagemotorrijtuig 2e klasse
Bvk	-	stuurstanddubbeldeksrijtuig 2e klasse
mBvk	-	stuurstanddubbeldeksmotorrijtuig 2e klasse
Bv	-	dubbeldeksrijtuig 2e klasse
Eloc	-	elektrische locomotief
DEloc	-	diesel-elektrische locomotief
DERloc	-	diesel-elektrische rangeerlocomotief
EL	-	elektrisch treinstel
ELD	-	elektrisch treinstel met bagage-afdeling
ELP	-	elektrisch treinstel met post-afdeling
ICM	-	intercity materieel
IRM	-	interregio materieel
mP	-	motorposttrein
DE	-	diesel-elektrisch treinstel
DH	-	diesel-hydraulisch treinstel
DM	-	dieselmaterieel

MET DANK AAN

A. Boer, Veldhoven
P. Dijkman, Leiden
G. Ferrée, Enschede
C. van Gestel, Driel
G.J. Groenveld, Zoetermeer
H. van der Hoven, Kampen
H. de Jager, Rosmalen
J. Krijgsman, Rotterdam
D.J. Kruijt, Amstelveen
R.S. de Leeuw, Veldhoven
N. Lollinga, Utrecht
P. Loman, Swifterbant
H. van Meurs, Haarlem
W.H. Mulders, Zwolle
H. Scherpenhuizen, Capelle a/d IJssel
C. Sinke, Nieuwerkerk a/d IJssel
A.M. van der Velden, Heerhugowaard
E. van Werkhoven, Hendrik Ido Ambacht
A.L. Zuidweg, Krabbendijke

GERAADPLEEGDE LITERATUUR

Elektrische Treinen, deel 2 en 3
De Koppeling (div. jaargangen)
Op de Rails (div. jaargangen)
Rail Magazine (div. jaargangen)
Het Openbaar Vervoer (div. jaargangen)